LA VERDAD PERSONAL

Un Viaje para Descubrir Su Verdad, Convertirse en Su Verdadero Yo, y Vivir Su Verdad

I. C. ROBLEDO

Traducido por M. C. Londoño

www.RobledoThoughts.com

Contenido

Cómo Leer Este Libro

En función de mi experiencia como autor de muchos libros, me he dado cuenta de que a la mayoría de las personas les cuesta aplicar lo que leen. Tenemos la tendencia a leer algo, dejarlo a un lado, y olvidarnos de las lecciones. Con el objetivo de ayudarle a lograr un progreso duradero en su vida, al final de cada capítulo, he incluido preguntas provocadoras que invitan a pensar y reflexionar. También he incluido actividades para ayudarle a poner en práctica lo que está aprendiendo.

Para aprovechar al máximo este libro, debería contestar las preguntas y realizar las actividades. Dediqué una gran cantidad de tiempo y atención asegurándome de que estas preguntas fueran útiles. Son tan importantes como el resto del libro.

También, le aconsejo que dedique tiempo para trabajar en *La Verdad Personal*. Tome el tiempo que necesite para asegurarse de comprender las lecciones. El proceso de crecimiento y aprendizaje tomará lo que sea necesario—si se apresura demasiado es posible que pase por alto algo importante.

Para aquellos que prefieren leer a velocidad, pueden hacer esto en su primera lectura del libro. Después, pueden regresar a leer el libro más despacio, responder a las preguntas, y realizar las actividades en su segunda lectura.

Independientemente, de cómo elija leer, *usted* tendrá que hacer el trabajo para crecer como persona. Este libro o cualquier libro solo puede ser una herramienta para ayudar a lograrlo. Pero el verdadero trabajo proviene de adentro.

Introducción a La Verdad

"Si busca la Verdad, siempre estará solo. No
tendrá las conversaciones que anhela. Se
sentirá fuera de lugar en este mundo. Resaltará
como una mancha roja contra un cielo
pálido (Y un faro en el vasto horizonte)".

— Kapil Gupta

Cuando tenía 16 años, mi primo Salvador me preguntó: "¿Qué quieres lograr en la vida?". Pensé por un momento, y dije, "La Verdad. La Verdad es lo que busco".

He estado buscando la verdad durante mucho tiempo, y no ha sido fácil encontrarla. La cita anterior de Kapil Gupta es la cita más precisa que pude encontrar sobre lo que significa la búsqueda de la Verdad. Si el pasaje le asusta, está bien. La verdad puede dar miedo. No obstante, debemos ser valientes y perseguirla de todo corazón por nosotros mismos. El hecho de que esté aquí leyendo esto ahora demuestra que está listo.

A pesar de los altibajos, giros y vueltas de mi experiencia en búsqueda de la verdad, he aprendido grandes lecciones que podrían ofrecer una hoja de ruta para Su Verdad Personal. Este libro ayudará a desbloquear su viaje y el camino que debe seguir para llegar a su verdad. Hablaré de mi viaje, pero únicamente para brindarle una pista de lo que puede encontrar en el suyo.

Una de mis verdades fundamentales es que todos tenemos nuestra propia Verdad. Para la mayoría, esta verdad se manifiesta como nuestro propio Tao—es decir, un camino, ruta, o manera. Nuestra verdad se convierte en nuestra forma de vida, razón por la cual muchos de nosotros podemos sentirnos muy ofendidos o molestos si alguien nos contradice. Lo tomamos como algo personal porque hemos adoptado ciertas ideas como si fueran totalmente acertadas e irrefutables, y como si fueran parte de nosotros mismos. *Cuando refutas mis verdades fundamentales me estás rechazando y lastimando.* De cualquier modo, así es como solemos sentirnos.

Por supuesto, algunas personas dirán que existe la verdad y la falsedad—y no hay nada en el medio. En teoría, esto parece razonable. Pero en realidad, hay tantas cosas que desconocemos. No existe una forma clara de demostrar que algo es cierto—simplemente recopilamos más evidencia para respaldar una idea. Pero si un dato en particular no se ajusta a la expectativa, puede demostrarse que lo que pensó que era cierto es en realidad falso. En muchos casos, no se ha demostrado que nuestras verdades estén equivocadas, *todavía*.

La verdad parece depender de la escala de tiempo. ¿Un hecho específico es válido por un mes, un año, décadas, siglos, o milenios? Si le damos suficiente tiempo, la situación tiende a cambiar. Lo que era cierto se convierte en falso. O lo que era falso se convierte en cierto. Por ejemplo, los humanos existen. Puede mirarse a sí mismo o a quienes le rodean y ver que esto es obvio. ¿Pero existían los humanos hace 100 millones de años? No. ¿Estarán aquí en otros 100 millones de años? Supongo que no, al menos no de la misma manera que existimos hoy en día. La "Verdad" de que los humanos existen está limitada por el periodo que estemos considerando, que puede ser el caso con muchas otras ideas.

Si alguien dice saberlo todo o tener todas las respuestas, esto se vuelve problemático. En muchos casos, es posible que solo tengamos perspectivas diferentes sobre un tema. Muchos de nosotros nos esforzaremos por encontrar una sola vedad que lo explique todo, pero al final, todo lo que tendremos pueden ser múltiples puntos de vista. Usted tiene su Verdad o Tao, y yo tengo la mía.

Piense en esto. ¿Qué tipos de perspectivas suele tener?

Tenga en cuenta que las matemáticas ofrecen una perspectiva. La historia o la experiencia personal de alguien provee otro punto de vista. Diferentes autores sobre un mismo tema ofrecen perspectivas y enfoques diferentes. Pero no todos los puntos de vista son creados de la misma manera. Algunos pueden tener más respaldo que otros. Aun así, son formas distintas de ver el mundo.

Veo muchas verdades en este mundo—muchas formas de ver, creer, y percibir. Sin embargo, cuando era más joven, tuve la ilusión de que debía perseguir una sola verdad. Existía "La Verdad", y eso era todo. Tenía este sentimiento sagrado y noble, pero ¿dónde está la evidencia de una sola verdad? Sería más sencillo si hubiera una sola verdad, pero en realidad, es posible que no exista un solo hecho en el que todo el mundo estaría de acuerdo. Desde luego, un mundo de muchas verdades suena complicado y confuso—no queremos aceptarlo, pero esta es una realidad práctica. Puedo tener mis verdades y usted puede tener las suyas.

Para elaborar más sobre una verdad personal, una persona puede ver el mundo como mayormente feliz. Otros pueden verlo como triste. La persona feliz sonríe a todos, y ve que la mayoría de las personas con las que se encuentra también son felices. La persona triste ve a todos con el ceño fruncido, y ve que la mayoría de las personas con las que se encuentra están tristes. Las verdades que sostenemos acaban creando el mundo que nos rodea.

Nuestras verdades tienen un inmenso poder. Las que elegimos para nosotros tienden a convertirse en nuestra realidad, cuanto más creemos en ellas. Todos los que conozco creen en el dinero. Por lo tanto, el dinero tiene un valor tremendo, y es tan válido como cualquier otra cosa. Pero si encuentro una sociedad remota, donde no usan ninguna moneda, se reirán de nuestro papel moneda y dirán que no tiene ningún valor. Para mi comunidad, el dinero es real y valioso. Para otra comunidad, es tan real como el amigo imaginario de un niño.

Me refiero aquí, a que la verdad depende de cuánto creemos en una idea, o de nuestra perspectiva; y esta no es la Verdad con la que hemos crecido. Para la mayoría de nosotros, la Verdad es una cuestión de qué es un hecho y qué no. Pero digo que los hechos dependen de nosotros, especialmente cuando se trata de nuestras propias vidas, dinámicas sociales, elecciones de vida, y valores o creencias.

Cuando se trata de sus ideas personales, sus cualidades únicas, y su perspectiva de vida, usted elige su verdad. Nadie puede decidir ciertos asuntos excepto usted mismo.

¿Quién conocerá mejor la verdad de su vida que Usted?

No estoy diciendo que mi verdad sea que el sol existe, y quizás alguien más tenga una creencia alternativa. Digo, que tal vez la verdad de una persona sea que todos necesitamos amarnos unos a otros. La verdad de otra persona podría ser que todos necesitamos amar a nuestros familiares y amigos más cercanos, y no preocuparnos mucho por los demás. ¿Cuál es cierto? Eso depende, ya que todos tendremos que seleccionar tales verdades nosotros mismos.

Las leyes, las ciencias, y las matemáticas solo pueden responder a los casos más directos y obvios de lo que es cierto y lo que es falso. Debemos descubrir nuestra verdad para todas las áreas grises o todas las incertidumbres de la vida. Simplemente, sucede que estas partes inciertas de nuestras vidas pueden constituir una gran parte de la vida misma.

El mundo real no nos ofrecerá un camino fácil y directo hacia la verdad. Debe decidir que algunas cosas son ciertas para usted, y otras no. Suponga que hay poca evidencia para algo que solía creer. En ese caso, puede buscar más evidencia para ver si hay otra verdad que quizás no haya considerado.

Algunos lectores pueden estar pensando que ciertas cosas son una cuestión de creencias, otras son perspectivas, y otras son verdad. Y eso está bien. Pero mi opinión es que hay un punto donde todas estas cosas pueden fusionarse en una. Puedo llegar a un momento donde entiendo algo sobre mí mismo con tanta firmeza que ninguna otra persona sobre el planeta podría decirme lo contrario. Nadie más podría ser más experto sobre quién soy que yo mismo. Y tal vez podría llegar a ese punto con otras cosas, si me enfoco en ellas, aprendo sobre ellas, hablo con expertos, pruebo ideas por mí cuenta, y así por el estilo. Hay un punto en el que puedo llegar a verdades a las que otros pueden referirse solo como creencias. Y me siento bien con eso.

Nunca descubriré una verdad que convencerá al mundo. Pero si puedo encontrar la verdad que me convence a mí, y aspirar a los niveles más altos de la verdad, ¿no es eso suficiente? ¿No significa algo?

Consideremos otro ejemplo de lo que significa buscar una Verdad Personal.

Si estoy interesado en la paz, y aprendo todo sobre la paz, y practico la paz, ¿qué pasará entonces? Tal vez llegue a un punto en el que cada uno de mis pensamientos y de mis acciones sean pacíficos. Siendo así, podemos decir que la paz es mi verdad. En ese caso, alguien se me acerca y me dice que soy un tonto; hay guerras, abuso doméstico, violencia con armas de fuego, etc., en todo el mundo. Entonces, le digo que sí, ese es el estado del mundo, pero no mi estado. Mi estado es la paz, y la paz es mi verdad. Me he convertido en la encarnación de la paz.

Pero su vida se ha convertido en violencia y frustración, y me da una bofetada porque no está de acuerdo conmigo. Cuando esto sucede, es posible que muchas personas se pregunten qué tan pacíficas son en realidad. Pero esta situación solo sería una prueba de qué tan pacífico realmente soy. Yo podría redirigir su atención al canto de los pájaros y a los niños que ríen, y decirle que también hay paz esperándolo. O podría devolverle la bofetada, pero sin lugar a duda, eso destruiría toda la paz que había creado para mí.

Si me paso la vida luchando por encontrar la paz, y finalmente lo logro, y nadie me la puede quitar, puedo decir que mi verdad me ha llevado a la paz. Esta es la Verdad, porque se eleva más allá de la idea de perspectiva o creencia. En ese momento se convierte en mi vida.

En última instancia, este libro trata de que se pregunte a sí mismo:

¿Qué es importante en esta vida?

¿Cuál es Su Verdad Personal?

Los hechos que están bien documentados como los nombres de las partes del cuerpo no son el problema aquí. Búsquelos en una enciclopedia si lo desea. Pero las verdades que guiarán su vida, o lo mantendrán despierto por la noche, o lo guiarán en sus propósitos de vida son las que más nos importarán al final.

Sus Verdades Personales serán aquellas por las que lucha, que pone a prueba personalmente, que le cuestan una parte de sí mismo, pero que a fin de cuentas le dan mucho más. Las aprendemos por medio de ensayos y tribulaciones. Por ejemplo, cuando pensó que no podría continuar más, y se presenta otro obstáculo. No obstante, en lugar de resbalar y caer, reúne valor y fortaleza y demuestra que es mejor de lo que pensó. Aquí, es cuando aprende verdades nuevas y profundas que tienen significado.

A continuación, permítame contarle cómo comenzó mi viaje hacia la verdad, cuando mi primo Salvador me ayudó a emprender este camino.

Con tan solo 16 años realicé que necesitaba buscar la verdad, mas no tenía idea de cómo hacerlo. No contaba con una hoja de ruta, y pensé que no tenía ninguna guía. Pero mi primera guía fue Salvador. Una de las mejores herramientas de pensamiento que tenemos está en hacer las preguntas correctas. No estoy seguro de cuánto tiempo más me habría tomado darme cuenta de mi propósito de vida, de buscar la verdad, si él no me hubiera hecho esa pregunta directa: "¿Qué quieres lograr en la vida?".

Ahora puedo ver que muchas personas en mi vida me guiaron para encontrar mi verdad. De manera interesante, las personas que me ayudaron nunca insistieron en que tenían la única forma correcta. Por lo general, me mostraron su perspectiva, su forma de pensar, incluso las preguntas que los desvelaron por la noche. En algunos casos, he visto las verdades de las personas en la manera en que viven sus vidas. Trabajan profundamente en algo que es importante para ellos. Están contentos y satisfechos con sus vidas, o ayudan a todos los que pueden.

La verdad está en cada cosa que hacemos todos los días. Para verla, solo tenemos que relajarnos y abrir los ojos. Considere la naturaleza. Cada día, la naturaleza nos está enseñando y mostrando algo. Podríamos decir, por ignorancia, que la naturaleza no nos está diciendo nada con palabras, en nuestro lenguaje natural. El viento no habla, ni los animales, ni las plantas. No se expresan con palabras, pero tal vez nos estén comunicando algo si tan solo los escuchamos.

A veces he tenido este Pensamiento—*Si estuviera perdido en el bosque tendría que abrir mis ojos a la verdad de la naturaleza. Tendría que observar hacia dónde van los animales y por qué. ¿Qué comen y beben, y dónde buscan refugio?* Una mente atrapada en la necesidad de escapar puede entrar en pánico. En cambio, alguien que es capaz de adoptar la verdad de la naturaleza puede encontrar una manera de existir en ella.

Así como la naturaleza a menudo nos envía señales, me gusta imaginar que hay algo de la Verdad ahí afuera enviándome señales, y solo tengo que descubrirlo. ¿Y su Verdad? ¿Ha estado recibiendo señales toda su vida y no les ha prestado suficiente atención? Tal vez este libro le ayude a comenzar a percibir las señales de la Verdad que han estado en su vida todo el tiempo.

Para empezar, todo lo que le pido es que abra su mente, sus ojos y su vida a la Verdad. Aspiro a mostrarle el Camino hacia su propia Verdad. Ese es mi único propósito aquí. Seré su guía.

PREGUNTAS CLAVE

1. ¿Cómo definiría la palabra "Verdad"?

2. ¿Qué quiere lograr en la vida? (por ejemplo, ¿la verdad, conocimiento, sabiduría, felicidad, amor, éxito, o algo más?)

3. Piense en las perspectivas fundamentales a las que ha estado expuesto en su vida (por ejemplo, las políticas, la religión, la cultura, geografía, grupos sociales, etc.). ¿Estas perspectivas le están dando parte de la verdad o toda la verdad?

4. Cuando se enfoca en la naturaleza, ¿cuál es la verdad que ve ahí?

5. ¿Cuál es su parte más genuina—sus creencias, sus pensamientos, palabras o acciones?

ACTÚE HOY

(Introducción a La Verdad)

Acción: **Piense en alguien en su vida que esté dispuesto a hacerle preguntas incómodas.** Para mí, esa persona fue mi primo Salvador. Con frecuencia hacía preguntas que me llevaban a reflexionar más profundamente sobre mis metas y lo que quería lograr en la vida.

¿Quién está dispuesto a desafiarle y hasta hacerle sentir incómodo si es necesario? ¿Quién le ayudará a abrir los ojos a la verdad, y dirigirlo hacia un crecimiento significativo en su vida?

Cuando tenga esta persona en mente, llámela. Puede programar una reunión o enviarle un mensaje de texto si lo prefiere. Mencione un problema en su vida o algo que lo esté frenando. Pregúntele, si estaría dispuesta a ayudarle. Incluso si todo lo que hace es escuchar y usted es el único que habla, esto puede ser útil. Su silencio le hablará, y encontrará algo de verdad en ese espacio.

Razonamiento: El objetivo de esta actividad es encontrar a alguien en quien pueda confiar, y que pueda ayudarle a abrir los ojos a la verdad. El camino hacia la verdad suele presentarse por medio de una mentalidad inquisitiva. Cuando discuta un problema, es probable que su confidente le haga muchas preguntas para comprender lo que está sucediendo. Este proceso ayudará a arrojar luz sobre su verdad.

Consejo: Busque a una persona que *no* esté involucrada en el problema que está enfrentando. Además, sea lo más sincero posible al explicar su situación. No intente convencerla de que usted tiene la razón y de que todos los demás están equivocados. Apéguese a los hechos.

Antes de Continuar . . .

Como agradecimiento por su lectura quiero que tenga esta guía gratuita.

Fortalezca su Aprendizaje: Herramientas Gratuitas para Aprender Casi Cualquier Cosa

¿Alguna vez se ha preguntado cuáles son los mejores sitios y recursos para aprender? Sé que yo lo he hecho. Se necesita tiempo y esfuerzo para averiguar cuáles sitios valen la pena y cuáles no. Espero ahorrarle un poco de ese trabajo para que pueda dedicar más tiempo al aprendizaje, en lugar de a buscar en internet.

Más o menos en los últimos diez años, ha estado sucediendo una revolución de aprendizaje de forma gratuita. Cada vez se están haciendo disponibles al público más recursos para el aprendizaje sin costo alguno. Con tantos recursos nuevos, sería fácil perderse algunas de las grandes oportunidades de aprendizaje disponibles si no leyera esta guía. Es un informe corto de alrededor de 3,000 palabras y le dice exactamente lo que necesita saber.

Esta guía proviene de mi propia experiencia con el uso de una variedad de recursos y sitios de aprendizaje. En ella descubrirá los mejores lugares para aprender sin costo alguno. Además, explicaré cuáles recursos son mejores para usted en función de sus objetivos de aprendizaje.

Puede descargar esta guía gratuita en formato PDF escribiendo este sitio web en su navegador: http://mentalmax.net/ES

Ahora, regresemos al tema.

Su Propósito Fundamental es Buscar Su Verdad Personal

"Viva su verdad. Exprese su amor. Comparta
su entusiasmo. Actúe para lograr sus sueños.
Practique lo que predica. Baile y cante al son de
su música. Abrace sus bendiciones. Haga que
el día de hoy sea digno de ser recordado".

— Steve Maraboli, *Unapologetically You*

Para mí, la verdad se trata de todo. La verdad no es solo una cuestión de si dice la verdad sobre algo o si miente al respecto. La verdad penetra más profundamente en toda nuestra vida. Todo lo que pensamos, decimos, hacemos y sentimos es parte de nuestra Verdad Personal.

Cuando se siente triste, si no lo discute con su pareja o con su familia, y si lleva una sonrisa en su rostro todo el día, entonces en cierto sentido está viviendo una mentira. Para llegar a la verdad debería preguntarse: *¿Por qué me siento triste? ¿Estoy decepcionado de que algo no saliera como esperaba? ¿Estoy molesto porque alguien me trató mal?* Para vivir su verdad tiene que explorar qué es este sentimiento, por qué lo tiene, y cómo representa quién es usted. Negar su tristeza o cualquier otra emoción que pueda tener es una negación de quién es.

Cuando desea dar un paseo por el parque y no hay nada más que preferiría hacer, pero sus amigos quieren ir de compras, entonces es posible que sienta la presión de ir con ellos. Quizás si esto solo sucede de vez en cuando no sea un problema. Pero si ocurre con regularidad, cuando le gustaría hacer algo que ninguno de sus amigos quiere hacer, y se siente presionado a unirse a ellos—entonces puede sentir que la falsedad está invadiendo su vida. Es posible que se sienta molesto haciendo cosas que no le importan, que sienta que le han robado el tiempo que podría haber usado para hacer algo más entretenido o constructivo. Comprenda que vive en la falsedad si no hace cambios para corregir esto.

Cuando valora la paciencia como una cualidad importante, pero se enfurece en la carretera, explota de ira y grita a otros conductores, hay una incongruencia. Cree que la paciencia es una cualidad importante que debe tener, y que deberíamos ser más comprensivos. Sin embargo, no está cumpliendo con este estándar en su propia vida. Cuando desafía sus valores y creencias está viviendo en la falsedad. ¿Cuál es la verdad? ¿Está bien impacientarse mientras haya algo importante que quiera hacer? ¿O debería ser paciente en circunstancias difíciles? Por lo general, si vale la pena tener un valor, vale la pena mantenerlo incluso en circunstancias difíciles, ¿no es así?

Los ejemplos anteriores son para mostrarle que la verdad es mucho más profunda que nuestras palabras. Podemos decir mentiras con nuestros pensamientos, creencias, sentimientos y acciones. Puede decir la verdad con sus palabras, pero su tono de voz o su lenguaje corporal podría contradecirlas. El sarcasmo es un ejemplo de esto. Incongruencias como esta son formas de mentir. Desde luego, las personas que nos rodean tomarán nota de estas cosas. Cuando una persona es un farsante, usted lo percibe, ¿no?

En realidad, no es tan fácil ser una persona sincera porque para hacerlo sus pensamientos, creencias, sentimientos, palabras y acciones deberían alienarse sin contradicciones entre sí. Esto es tan difícil de hacer que la mayoría ni siquiera lo intentamos. La mayoría de nosotros nos enfocamos en nuestras palabras y es posible que evitemos decir grandes mentiras, o al menos evitemos decirlas con frecuencia.

Sin embargo, es una visión infantil de la verdad enfocarnos solamente en las palabras que decimos. Cuando somos niños, aprendemos que debemos decir "por favor" y "gracias" para ser educados. Pero si esas son las únicas reglas que sigue, tiene una visión relativamente simplista de los modales. De manera similar, decir palabras veraces es el nivel más básico de ser sincero.

Dado que la verdad es tan importante, deberíamos meditar con regularidad o reflexionar sobre cuán verdaderos son nuestros pensamientos y acciones. Piense en esto: si no es sincero consigo mismo niega quién es. Básicamente, si no es sincero consigo mismo significa que se ha acostumbrado a mentirse a sí mismo.

Cuando nos mentimos a nosotros mismos también estaremos mintiendo a las personas que nos rodean. Tenemos que evitar esas mentiras, ya que no ayudan a nadie. La verdad es el único camino que vale la pena tomar. Es más profundo de lo que nos damos cuenta. Es nuestro propósito.

Por ejemplo, muchos de nosotros podemos tener pensamientos como este en el trabajo: *No sé la respuesta correcta a la pregunta que me hicieron, pero diré algo que parezca que la pregunta en sí era una tontería. De esa manera puede parecer como si supiera lo que estoy haciendo.* Una persona con esos pensamientos puede mentirse a sí misma con regularidad, diciéndose que es el mejor trabajador y el más experto en su trabajo. De hecho, a menudo lucha y culpa a todos los demás por su ignorancia.

Esto nos lleva a un punto interesante; cuando nos mentimos a nosotros mismos, a menudo lo hacemos para protegernos de la verdad. Sin embargo, la mayor parte del tiempo, en el fondo, ya sabemos la verdad. Simplemente la hemos ocultado para poder tener un espíritu entusiasta y positivo. Pero esa positividad es solo una fachada si se debe a una mentira.

Esta protección de nosotros mismos no es necesaria. Nos tratamos como si fuéramos tan frágiles que no podemos manejar una simple verdad, pero este no es el caso. En mi vida, he notado que todos somos mucho más fuertes de lo que pensamos. Podemos manejar mucho más de la verdad de lo que creemos. Puede doler profundamente en el momento, pero luego aprendemos a seguir adelante. Esto es mejor que vivir una mentira.

En el pasado, cuando salía a la luz una verdad sobre mí que era incómoda, casi siempre me sentía infeliz en ese momento, al darme cuenta de esta verdad—pero con el tiempo me sentía agradecido por ello, ya que podía mejorar rápidamente al darme cuenta de cuál era el problema.

Por ejemplo, una vez una supervisora me llamó a un lado y me dijo que no era un buen miembro del equipo. Tenía razón en que yo no estaba contribuyendo a los objetivos del equipo en nuestras reuniones. Me concentraba en mi trabajo y me aseguraba de completar todas mis tareas, pero era como un saco de papas durante las reuniones, soñando despierto. Al principio, me disgustó que la supervisora me molestara con esto. Pero luego me di cuenta de que lo que ella había dicho era cierto, y yo tenía que hacer más. No era justo que todos los demás contribuyeran y trabajaran en nuestros objetivos y yo me quedara solamente al margen. Las reuniones eran parte esencial de mi trabajo—tenía que recordar eso y tomarlas en serio.

Puede ser difícil y doloroso reconocer estas verdades. Aun así, generalmente, nos ofrecen un camino hacia el crecimiento y la mejoría. Resista la tentación de esconderse de estas dolorosas verdades. No se quede atrapado sintiéndose molesto por algo que sucedió. En cambio, tome lo que sucedió, véalo por lo que es, y planee hacerlo mejor.

La realidad es que cuando nos ocultamos la verdad, generalmente nos estamos escondiendo de nosotros mismos. Hay partes de nosotros que no nos gustan, y por eso pretendemos que no existen. Esto significa que creamos mundos de fantasía en nuestras mentes en torno a lo que está sucediendo. Nos engañamos pensando que las cosas están bien, aunque no lo estén. Con el tiempo, los problemas se acumulan cada vez más y seguimos mintiéndonos, actuando como si no hubiera problemas. Un día, estos problemas estallan en nuestras caras y ocurre algo que no se puede enmendar—perdemos un trabajo, una relación, o sufrimos una tragedia horrible.

Al decir mentiras, es tentador decir otra, y otra, hasta que terminamos creyendo nuestras propias mentiras. Eventualmente, nuestras mentiras no pueden coexistir con el mundo real. Llevamos las cosas demasiado lejos y se desmoronan frente a nosotros. Las mentiras colapsan, y potencialmente nuestras vidas también.

Buscar su verdad se trata, en última instancia, de llegar a su propio entendimiento de todo. Si es el tipo de persona que tiene una respuesta o solución para todo, entonces quizás ya tenga un buen sentido de su verdad personal. No obstante, siempre hay algo nuevo que aprender.

Su verdad puede ser que su familia es lo primero, y hará todo lo que sea necesario para asegurarse de que estén a salvo y bien atendidos.

La verdad de otra persona puede ser que su misión en la vida es ser un paramédico y ayudar a las personas que sufren todo tipo de lesiones.

La verdad de alguien más puede ser que todo lo que quiere en la vida es ser feliz. No quiere preocuparse por todos los problemas menores—quiere buscar la felicidad y ayudar a sus seres queridos a lograrlo.

Claro está, cualquier persona puede tener múltiples verdades en su vida. Por ejemplo, mi familia, mi trabajo, y mi afán por aprender y entender muchas áreas de estudio diferentes son parte de mi verdad.

Sin embargo, hay una verdad que sobresale por encima del resto, lo cual es el tema central de este libro:

Estamos aquí para perseguir nuestra verdad y vivirla.

Para unas personas esto puede resultar sencillo. Todos conocemos a alguien que lo tenía todo resuelto desde que era niño. Sabía lo que quería hacer desde muy joven. Trabajó arduamente, y terminó teniendo bastante éxito. Sin embargo, para la mayoría de nosotros la vida no es tan simple. Para ser justos, es probable que aquellas personas cuyas vidas parecen libres de complicaciones también enfrenten muchos desafíos.

Si alguna vez le ha resultado doloroso elegir una carrera universitaria, una carrera profesional, o una relación, es probable que haya tenido dificultades al perseguir su verdad. Esta lucha es parte del proceso. Es su inducción para encontrar su verdad personal.

Quiero ayudarle a encontrar su verdad porque es un concepto fundamental que influye en *todas* las áreas de nuestras vidas. Esta es una idea tan amplia que algunas personas pueden pensar que no es útil enfocarse en la Verdad como una idea general. En cambio, pueden creer que deberíamos concentrarnos en encontrar un propósito, decir la verdad, o aprender sobre nosotros mismos. Pero yo diría que vale la pena intentar llegar hasta el final, para descubrir tanto de nuestra verdad como sea posible. Al hacer esto, todas las partes importantes de nuestras vidas se unirán en un todo unificado.

Debemos esforzarnos por vivir nuestra verdad porque tenemos muchos aspectos diferentes de nosotros mismos que pueden entrar en conflicto si permitimos que eso suceda. Tenemos que luchar por la armonía personal. Esta armonía es nuestra verdad. Cuando todas las partes de sí mismo trabajan juntas como un yo armonioso, usted ha encontrado su verdad.

La verdad, esencialmente, consiste en convertirnos en nuestro verdadero yo. Nacemos y somos cuidados por unos padres que nos crían de acuerdo con lo que creen que deberíamos ser. Sin embargo, después de cierto punto, depende de nosotros determinar quiénes somos en realidad.

¿Es su verdad igual a la de sus padres y a la de las personas con las que creció? ¿Es parte de su verdad igual a la de ellos? ¿Es su verdad completamente propia, y no tiene nada en común con la de ellos? De cualquier manera, está bien, pero la clave es buscar su verdad. Este es el viaje que estaba destinado a emprender.

Al principio de la vida, es posible que haya estado viviendo la verdad de su madre o su padre, o la verdad de un hermano o una hermana mayor, pero en algún momento debe preguntarse: "¿Cuál es mi verdad?". "¿La vida de quién voy a vivir—la mía, o la de otra persona?". "¿Qué fracasos voy a vivir—los míos, o los de alguien más?". Cuando vive la vida de otra persona vivirá para experimentar fracasos que no eran suyos. Este puede ser el peor fracaso de todos.

Una de las mayores verdades de todas es que estamos aquí para encontrar nuestra verdad. Hacerlo significa convertirnos en quienes estábamos destinados a ser y lograr lo que se suponía que debíamos lograr. La alternativa es deambular, sentirse perdido, no estar seguro de quién es ni de cuál es su propósito. Esto también es parte de la vida, pero tengo confianza en que podemos aprender a luchar por nuestra verdad de manera eficiente, y minimizar el tiempo que deambulamos y nos sentimos perdidos.

Consideremos por un momento—¿qué pasa si simplemente no busca su verdad y la ignora?

Desafortunadamente, aquellos que no buscan su verdad pueden terminar viviendo la vida de otra persona. Es posible que acaben mintiéndose a sí mismos acerca de quiénes son y no logren comprenderse por completo. Es posible que no desarrollen todo su potencial. Tendrán conflictos internos, irán en diferentes direcciones. Pueden confiar fácilmente en lo que otra persona afirma que es la verdad, ya que no han logrado desarrollar su propio núcleo o fuente interna de la verdad.

Al final de sus vidas, pueden llegar a darse cuenta de que toda su vida nunca fue suya. En cierto sentido, fue toda una mentira. Esta es una tragedia que debe evitarse.

Contrario a lo que parece, la Verdad no es solo para aquellos que estén dispuestos a buscarla. También es para aquellos que estén listos para poner al descubierto la falsedad y ver lo que hay, lo cual es su verdadero yo.

En este momento, la sociedad no está diseñada para ayudarle a encontrar su verdad. Suponga que tiene buenos padres o un excelente sistema educativo que se preocupan por usted. En ese caso, puede tener suerte de encontrar algunas personas que ayudarán a guiarlo hacia su verdad. Pero la mayoría de las veces, las personas y los sistemas que nos rodean quieren enseñarnos su versión de la verdad. Y no desean escuchar nada que entre en conflicto con su versión.

Comprenda que nuestra verdad termina convirtiéndose en parte de nosotros mismos. Si alguien desafía sus pensamientos más profundos, naturalmente que se sentirá amenazado. Esto es algo que debemos aprender a superar. Usted debería sentirse seguro al desafiar la versión de la verdad de otra persona, y los demás deberían sentirse seguros al desafiar la suya. Así es como crecemos, nos adaptamos, y aprendemos. Los retos son algo bueno, no algo que deba evitarse.

Sin embargo, antes de desafiar la verdad de alguien tenemos que percibirla por todo lo que es. Una forma de hacerlo es practicando la percepción de los *Campos de la Verdad*. Por ejemplo, cuando veo a alguien, o si veo su espacio vital o de trabajo, puedo sentir un campo de energía que es su verdad. Aquí hay algunas cualidades que puedo notar: orden, limpieza, fotografías u objetos que indican valores específicos, y la capacidad de pensamiento crítico. Estos y otros atributos le darán pistas sobre la Verdad de una persona.

Póngase en sintonía con los Campos de la Verdad de otras personas. Permita que su mente se vacíe de vez en cuando para que vea cómo ven el mundo los demás. La mayoría nos quedamos estancados pensando: *¿Qué voy a decir a continuación?* O, *¿Qué haré a continuación?* Olvídese de esas cosas y, en su lugar, concéntrese en lo que le rodea y ábrase a esa Verdad.

Si hace esto, se abrirá a las formas de ver y percibir de otras personas. Después, con el tiempo, se acercará más a su propia Verdad.

PREGUNTAS CLAVE

(Su Propósito Fundamental es Buscar Su Verdad Personal)

1. ¿Están sus pensamientos o creencias en conflicto con sus acciones?
2. ¿Cuáles son algunos de los pensamientos que tiene con frecuencia que le sirven para protegerse de una verdad incómoda o inconveniente?
3. ¿Alguna persona ha intentado convencerle, recientemente, de la verdad de ellos? ¿Estuvo abierto a esto, o no?
4. ¿Cuáles son las tres partes más importantes de su vida? (por ejemplo, valores específicos, prioridades u objetivos)
5. ¿Cuál es una verdad irrefutable en su vida? Puede tratarse de usted o de la vida en general.

ACTÚE HOY

(Su Propósito Fundamental es Buscar Su Verdad Personal)

Acción: **Escriba una Verdad que guarda en su interior la cual no ha sido escuchada en su vida.** Quizás tenga un sueño, pero las personas que son importantes para usted no quieren escucharlo. Tal vez le ocurrió algo, pero la mayoría de la gente piensa que está exagerando o simplemente no le creen. Por lo demás, tal vez se sienta agotado diariamente porque siente que debe vivir su vida de una manera en particular, aunque hacerlo vaya en contra de su voluntad.

Si le ayuda, **piense en un momento en el que sus sentimientos fueron lastimados.** A veces esto sucede porque una persona esencial en su vida no está escuchando su versión de la verdad. O tal vez alguien no le ha aceptado por lo que es. ¿Hay alguna parte suya que le ha costado mucho expresar?

Razonamiento: Para ir por el camino de la verdad es útil pensar en un camino que le fue negado en su vida. Cuando reconoce algo que no se ha escuchado o expresado adecuadamente, esto le ayudará a iniciar Su Viaje De La Verdad Personal.

Consejo: Nadie necesita leer esto. Puede anotar sus pensamientos y luego tirarlos a la basura inmediatamente si lo desea. Pero escribir es una actividad poderosa que puede ayudarnos a articular las verdades de las que nos hemos estado escondiendo.

Nadie Puede Darle la Verdad—Debe Buscarla por Sí Mismo

"Crea en aquellos que buscan la verdad.
Dude de aquellos que la encuentran".

— André Gide

Nadie puede darle la verdad. Esto se debe a muchas razones, pero una razón fundamental es que usted es la única persona con su perspectiva en la vida. Imagínese los objetivos de un insecto. Necesita encontrar comida y evitar ser devorado o eliminado por criaturas más grandes. Estas son las verdades fundamentales de su vida.

Pero usted no es un insecto. Es un ser humano en una situación y contextos únicos. Así que las verdades más importantes de su vida serán diferentes a las de un insecto o a las de cualquier otro ser humano.

Me gusta leer libros para aprender sobre las verdades de otras personas, pero generalmente esas verdades las escribe alguien en un contexto completamente diferente, que creció de manera distinta, y que tuvo diferentes batallas, oportunidades, y formas de ver el mundo. Por mucho que pueda disfrutar de un libro, siempre tomo en cuenta que esas son las verdades de otra persona. Tengo que encontrar mi verdad.

Aunque las verdades de otra persona tengan mucho sentido para mí, las procesaré a mi manera y llegaré a mi propio entendimiento de estas. No me ayuda leer algo y después copiar y pegar las ideas de otro en mi mente. Creo que las ideas están destinadas a crecer y evolucionar.

Nuestras vidas y mundos cambian y se adaptan constantemente. De modo que las ideas que vemos como verdades también deben crecer y cambiar y adaptarse a nuestras circunstancias personales.

Nadie puede darle la Verdad. *Piense en esto:* si le doy la verdad y la acepta porque soy más inteligente, más sabio, he leído más libros y tengo más educación, o por cualquier motivo; entonces está aceptando algo como verdad sin haberlo pensado o entendido por sí mismo.

Bien podría haberle alimentado con mentiras porque tarde o temprano alguien lo hará, y si no está pensando de manera crítica se las tragará.

Comprenda que la verdad no llega fácilmente. En realidad, debe descubrirla por sí mismo. La incómoda verdad sobre la verdad es que no es fácil de encontrar. Nadie se la dará. Incluso si lo hacen, usted debería realizar el arduo trabajo de averiguar cuánto se aplica realmente a su situación.

Tiene que acostumbrarse a hacerse preguntas como:

- ¿Esto es cierto?
- ¿Esto NO es cierto?
- ¿Cómo sabría la diferencia?
- ¿Alguien está tratando de convencerme para que crea algo porque les beneficia a ellos?
- ¿Cómo puedo confiar en si esta persona o fuente tiene toda la verdad?
- ¿Esto tiene sentido? (por ejemplo, usa la lógica, el sentido común, la sabiduría, la intuición, o el razonamiento)

Como seres humanos confiamos demasiado rápido. Todos los días hago un viaje corto para llevar a mi esposa al trabajo. En el camino, usualmente veo un par de personas cruzar la calle mientras miran sus teléfonos. Echar un vistazo a una señal que dice "caminar", y después cruzar la calle mientras está distraído con un teléfono es como obtener toda su información de una fuente y creerla sin cuestionar. Cuando ve la señal de "caminar", solamente está obteniendo su información desde una perspectiva. Otra perspectiva sería mirar alrededor antes de cruzar.

Quizás hay un conductor ebrio a quien no le importa la verdad. Bebió demasiados tragos y todas las luces le parecen verdes mientras lucha por mantenerse consciente. O tal vez unos adolescentes tomaron un automóvil para dar un paseo divertido y ni siquiera tienen sus licencias de conducir. Si ese fuera el caso, querrá estar alerta, no distraído.

La señal de "caminar" le dice que la sociedad, generalmente, está de acuerdo en que debería poder cruzar la calle de manera segura, pero después de todo esto no es una garantía.

¿Cuáles son las señales de "caminar" en las que confía para que le digan la verdad en su vida diaria? ¿Son las noticias? ¿Sus mejores amigos? ¿Personas con maestrías o doctorados?

Tenga en cuenta que no existe un camino único o fácil hacia la verdad. En definitiva, cada situación puede verse desde diferentes puntos de vista. Abra su mente a ver más perspectivas, y esto puede ayudarle a encontrar su verdad.

Como ejemplo de por qué es útil abrir su mente y ver las cosas desde más puntos de vista, considere esto. Si va a la biblioteca y aprende sobre los agujeros negros en una enciclopedia, la información puede ser incorrecta porque está desactualizada. Suponga que lee sobre las mismas ideas en Wikipedia. En ese caso, la información puede ser incorrecta porque, como broma, alguien llenó la página con errores. En esencia, cada fuente de la que aprende podría contener algún error o falsedad. De igual modo, es posible que cualquier punto de vista en particular no le proporcione toda la verdad.

Sin embargo, cuando aprende de una amplia variedad de fuentes puede aminorar los errores. Puede darse cuenta de que algunos hechos son estables y coherentes en la forma en que se hace referencia a ellos. O puede notar que otros "hechos" son inestables, y que a menudo se reportan de manera inconsistente, o donde los científicos y otros expertos tienden a estar en desacuerdo entre sí.

En general, deberíamos estar dispuestos a absorber la verdad de los científicos y expertos si en su mayoría están de acuerdo sobre algo. Y, por supuesto, si tiene sentido, es lógico y razonable. Pero ¿qué pasa si los científicos no están de acuerdo o si la información es irracional? En tales casos, hay oportunidad para que llegue a su propia versión de la verdad. Esto no significa que invente una historia conveniente que se ajuste a usted. Por el contrario, significa que utilice sus recursos mentales para desarrollar una comprensión, probablemente considerando la información y los análisis de los expertos.

Lo que a menudo olvidamos es que hay errores o falsedades en la versión de la verdad de todos. Nadie tiene la versión perfecta de la verdad por sí mismo. *Considere esto:* ¿alguna vez ha notado lo fácil que es detectar las fallas en la forma de pensar de los demás, pero no es tan fácil ver esto en nosotros mismos? Solemos creer que nuestra forma de pensar es perfecta y veraz porque no identificamos los defectos de nuestra mentalidad.

Otra cosa por considerar es que el hecho de que las personas que le rodean tiendan a tener puntos de vista similares no los hace correctos. Todo lo que significa es que, en general, han tenido las mismas experiencias y han pasado tiempo con personas que pensaban y creían de la misma manera.

Hay una cita que recuerdo de memoria y, lamentablemente, no conozco la fuente. Aquí está mi recreación de esta:

"¿Cómo es que el alma gemela de una persona casi siempre termina siendo alguien que no vive a más de 50 millas de distancia? ¿No es sorprendente que, de toda la gente del planeta, esta fuera la persona destinada a ser nuestro único amor verdadero y, además, viviera tan cerca?".

Es posible que haya escuchado algo similar en el pasado. Muchos de nosotros comprendemos la idea cuando se trata de las relaciones de pareja—todos queremos pensar que hemos encontrado el único amor verdadero de nuestras vidas. Aun así, de manera lógica, es difícil convencernos de cómo tuvimos la suerte de encontrar esta persona cerca del lugar donde crecimos o vivimos. Quizás su verdadera alma gemela nació en otro país, y habla otro idioma. Tal vez hasta nació en otro siglo.

Sin embargo, cuando se trata de comprender la verdad a menudo fallamos en ver este mismo patrón. Lo más probable es que en el lugar donde creció, muchas personas tendían a tener una manera particular de ver el mundo. Ellos tenían su versión de la verdad y, al crecer a su alrededor, usted absorbió esa versión de la verdad como si fuera suya. Pero de cualquier lugar en el que pudiera haber nacido, ¿qué afortunado debe ser el hecho de que haya crecido en el único lugar que entendió la verdad absoluta? En cambio, ¿no es mucho más probable que haya sido criado con una perspectiva particular, que tal vez era una *versión* de la verdad?

Preste atención a mi lenguaje aquí. No creo que la vida sea tan sencilla. No siempre estamos tratando con la verdad y la falsedad absolutas. En muchos casos, tenemos diferentes *versiones* de la verdad o diferentes *interpretaciones* de la verdad.

Por ejemplo, consideremos la famosa Parábola India (traducida originalmente al inglés por John Godfrey Saxe) acerca de seis ciegos a quienes se les presenta un elefante. Pero como nunca han visto uno, no saben qué es. De manera que comienzan a tocarlo en diferentes partes.

> *"Oye, el elefante es un pilar", dijo el primer hombre que tocó su pata.*
> *"¡Oh, no!, es como una cuerda", dijo el segundo hombre que tocó la cola.*
> *"¡Oh, no!, es como una rama gruesa de un árbol", dijo el tercer hombre que tocó el tronco del elefante.*
> *"Es como un gran abanico de mano", dijo el cuarto hombre que tocó la oreja del elefante.*

"Es como una enorme pared", dijo el quinto hombre que tocó el vientre del elefante.

"Es como un tubo sólido", dijo el sexto hombre que tocó el colmillo del elefante.

Los hombres empezaron a discutir sobre el elefante hasta que pasó un sabio y les dijo que todos tenían razón. Se trataba de una sola criatura, y cada uno de ellos había sentido una parte diferente de la misma. Los ciegos comprendieron en ese momento y dejaron de discutir.

La verdad puede ser como un elefante. Todos vislumbramos algo de lo que todos vemos partes, sin embargo, creemos que vemos toda la verdad. Nos hemos convencido de que nuestro Tao o Camino hacia la Verdad es EL camino, lo cual es poco probable que sea el caso. Tal vez tenga razón sobre su verdad, para su propia vida, pero si supone que esto hace que los demás estén equivocados puede estar en un error. Es posible que solo haya diferentes versiones de la verdad que todos estamos viendo, así como hay diferentes partes del elefante que los ciegos pueden experimentar.

Ahora puede ver que por cualquier verdad que se le haya dado, en realidad no se le ha dado porque debe pensar en ella por sí mismo. Debe procesarla y considerar si esa verdad merece formar parte de su verdad personal. Considere si la perspectiva de alguien más se puede adaptar a sus circunstancias. ¿Puede aplicarla o de algún modo hacerla relevante para su vida? ¿Esa verdad le ofrece algo útil, o no? ¿Será mejor olvidarla, o debería tenerla en cuenta en caso de que pueda usarla más adelante, a pesar de que parezca irrelevante en este momento?

Si conoce a alguien que quiere darle "la verdad" insistiendo que debe escucharlo, esta es una situación en la que tiene motivos para ser escéptico. ¿Por qué es tan persistente en querer que usted vea su versión de la verdad? Quizás quieran ayudarle, o tal vez quieran que crea en lo que hacen porque les ayudará a lograr sus propios objetivos. También es posible que les hayan dado algo que pensaron que era la verdad. Nunca lo cuestionaron, y ahora creen que tiene sentido tratar de convencerle de ello.

Debemos cuestionar la verdad, digerirla, procesarla y sentirla. La verdad no es algo para sentarse distraídamente frente a una pantalla y asimilarla. Usted elige—en qué partes vale la pena enfocarse, cuáles deberían ponerse a un lado para considerarlas más profundamente, y cuáles deberían rechazarse, ya que simplemente no se alinean con su verdadero yo.

Quizás la mayoría de las personas que le rodean estén de acuerdo con ciertas verdades. Pero incluso para esas verdades que parecen obvias, es útil pensarlas detenidamente. Puede hacer mejoras a versiones de la verdad que otros simplemente han asumido que son ciertas. Es posible que descubra que no cree por completo en algunas ideas ampliamente aceptadas. O puede encontrar que algunas de ellas no tienen sentido para usted, o crean injusticias. Incluso pueden estar apoyadas en razonamientos débiles o provenir de un líder que no ha sido probado o cuestionado adecuadamente.

En esencia, llegar a la verdad, se trata de realmente pensar. Creemos que estamos aprendiendo a pensar durante gran parte de nuestras vidas, pero tal vez estábamos aprendiendo a *no* pensar. Cuando nos enfrentamos a un tipo de problema, estábamos aprendiendo a resolverlos siguiendo un conjunto de pasos específicos. Estábamos aprendiendo que cuando una autoridad nos dice algo, lo hacemos sin cuestionar. Estábamos aprendiendo que solo había una forma de percibir. Posiblemente, algunas de las cosas fundamentales que aprendimos estaban equivocadas. A lo mejor si nos hubieran enseñado a cuestionar más, habríamos aprendido a pensar más a fondo y a descubrir nuestro camino hacia nuestra verdad.

La realidad es que la mayoría de nosotros tendemos a seguir las verdades que nos fueron presentadas convenientemente. Como dije antes, ¿cuáles son las probabilidades de que las creencias particulares de las personas que le rodean sean la única verdad completa y precisa? Tal vez sean solo una parte del total.

La realidad es que nadie le dará la verdad. Tendrá que buscarla usted mismo. Así puede aprender a pensar por sí mismo y, finalmente, decidir qué es legítimo para usted, y qué no.

Claro está, no es fácil hacer esto, pero este es el camino hacia su verdad.

Otros caminos a menudo conducen a la aceptación ciega de la versión de la verdad de otra persona.

Animo a todos a abrir su mente a diferentes perspectivas y posibilidades. Piense por sí mismo en lugar de esperar a que alguien más lo haga por usted. Además, haga preguntas difíciles y no se conforme con soluciones solo porque sean convenientes. Esto le ayudará a comprender lo que es cierto para usted. Lo más importante en la vida es descubrir Su Verdad Personal.

PREGUNTAS CLAVE

(Nadie Puede Darle la Verdad—
Debe Buscarla por Sí Mismo)

1. ¿Con qué frecuencia se hace preguntas desafiantes sobre sí mismo y las experiencias de su vida? ¿Podría beneficiarse haciendo esto más seguido?

2. ¿Alguna vez esperó que alguien le diera la Verdad? ¿Por qué cree que lo hizo? ¿Cómo resultó?

3. ¿Con frecuencia ofrece su versión de la verdad a las personas en su vida? ¿Qué lo hace sentirse tan seguro?

4. ¿Existe una perspectiva de vida que supuso que era completamente precisa—y que después descubrió que no estaba de acuerdo con ella?

5. ¿Alguna vez alguien compartió una verdad con usted, y se sintió agradecido por su perspectiva reveladora?

ACTÚE HOY

(Nadie Puede Darle la Verdad—
Debe Buscarla por Sí Mismo)

Acción: **Piense en su definición de un concepto importante en su vida.** Lo reto a explorar algunos conceptos que muchas personas consideran fundamentalmente importantes, pero que a menudo no están de acuerdo con lo que significan. Tenga en cuenta que sus desacuerdos implican que existen diferentes perspectivas o verdades sobre esas ideas.

Por ejemplo, *piense en lo que estas palabras significan para usted:*

Amor, felicidad, familia, amistad, bien, mal, conocimiento, sabiduría, confianza, verdad, dolor, duelo, dinero, y honor.

Elija una palabra que sea la más importante para usted, o que sea más relevante en su vida actualmente.

Si no ve una palabra que llame su atención, cree una propia. Cuando esté listo, escriba su definición. Es vital que *no* la busque en un diccionario. Le recomiendo que llegue a su propia definición de la palabra.

Razonamiento: Cuando se trata de ideas importantes, aceptar la definición de otra persona es simplemente aceptar la verdad de esa persona. En nuestra juventud, aceptamos las perspectivas que nos rodean como verdad, absorbiéndolas. Incluso a medida que pasan los años, muchos de nosotros supondremos que estas verdades que nos rodean son la verdad absoluta. Sin embargo, el desafío de nuestras vidas es comprender que son solo perspectivas y que depende de nosotros perseguir nuestra verdad. Como adultos, una forma de comenzar en este camino es definir las palabras y las ideas nosotros mismos.

Consejo: No se conforme con una definición breve de solo una frase. Si algo es importante para usted, trabaje en definir los límites de lo que significa la palabra. Por ejemplo, con la palabra "Amor", ¿en qué momento la intención de amar no es suficiente? ¿En qué momento un gesto amoroso es insignificante si no hay un historial de acciones amorosas? ¿Cuándo no son suficientes las palabras de amor? ¿Dónde está el límite entre amar y no amar? ¿Cómo saberlo? ¿Cómo se enamora, y cómo se desenamora? ¿Existen lazos de amor inquebrantables? ¿Y por qué?

Después de haber escrito su definición detallada de este concepto, puede buscar la palabra en el diccionario o investigar de qué manera otras personas han definido esta palabra en línea. ¿Cómo se compara su definición con la de ellos?

La Verdad Tiende a Escaparse y Debemos Reorientarnos Nuevamente Hacia Ella

"La verdad es, de hecho, un concepto elusivo.
Depende casi por completo de dónde se
encuentre en ese momento. Es un instinto
humano confundir creencia con verdad".

— Gwen Ifill

Es posible que a partir de lo que haya leído en capítulos anteriores, haya tenido la idea de que la verdad es elusiva. Eso es porque es cierto.

Eventualmente, encontrará claridad en su viaje de la verdad, pero la misma tiende a escaparse de nosotros en las primeras etapas. ¿Alguna vez se ha sentido frustrado por querer la verdad sin tener un camino claro para alcanzarla? Desde luego, el hecho de que lo desee no significa que aparezca convenientemente frente a usted.

Buscar la verdad puede ser frustrante, y comprendo que a algunas personas les puede resultar más fácil olvidarse de ella. Es posible que solo quieran vivir sus vidas de forma cómoda y serena sin tener que preocuparse por la verdad. O que les resulte más fácil suponer que todo es exactamente lo que parece y completamente veraz. Pero esas ideas pueden convertirse en negación. Querer que las cosas sean verdad no las convierte en verdad.

Estoy en búsqueda de la verdad. Y espero que se una a mí.

Algunas de las mayores alegrías que he tenido han sido en descubrir las cosas por mí mismo. En el 2020 comencé a escribir mis Verdades para que el mundo las viera en http://www.robledothoughts.com—le invito a visitarnos. No quiero que nadie acepte mis verdades a ciegas—en cambio, quiero que use mis escritos para ayudarse a entender todo por su cuenta.

Solo recuerde que, al comienzo de su Viaje Hacia la Verdad, la verdad es elusiva.

Parte de la razón de esto es que muchas personas, y grandes ideas en nuestras vidas, pueden ser contradictorias. ¿Quién tiene la razón? Todos insisten en estar en lo correcto, pero a menudo las opiniones de diferentes grupos están en conflicto. No todo el mundo puede tener la razón. Entonces, ¿en quién debería confiar?

¿Hacia qué verdades le han estado apuntando las personas clave en su vida?

Piense en sus padres o en los adultos que lo criaron. De acuerdo con la manera en que viven sus vidas, probablemente haya aprendido muchísimo de ellos. A veces es posible que ni siquiera se haya dado cuenta de que estaba absorbiendo ideas y hábitos de sus padres. Por ejemplo, cuando su mamá se pone ansiosa, ¿cómo reacciona? ¿Y su papá? ¿Tiene una reacción similar a la de uno de ellos? Si lo hace, es fácil suponer que es genético, pero es muy probable que esto sea algo que absorbió durante su crianza. Usted vio los patrones por los que atravesaban sus padres diariamente, y algunos de ellos se convirtieron en los suyos. Se convirtió en la forma predeterminada de vivir su vida.

Tal vez también se convirtió en su verdad.

Reflexione sobre esto: Durante su niñez, ¿sus padres respetaban o admiraban a las personas de ciertas profesiones? ¿Estaban contentos con sus trabajos? ¿Valoraban ganar dinero o seguir su pasión? ¿La carrera que eligió terminó reflejando los deseos de ellos o tomó un camino diferente?

¿Adoptó las verdades de sus padres o descubrió las suyas propias? ¿O algo intermedio?

Nuestros padres ejercen una tremenda influencia sobre nosotros. Sé que muchos jóvenes no quieren creer esto o se niegan a creerlo. Pero cuando pasa tanto tiempo con sus padres, sus acciones lo influenciarán.

Más allá de nuestros padres, muchas otras fuerzas ejercen influencia sobre nosotros. ¿En qué país creció? Las personas en diferentes países suelen hacer suposiciones diferentes, creer cosas distintas y hasta percibir de modo diferente. ¿Qué cree que es la cultura? En resumidas cuentas, es una expresión de la verdad de un país. Lo que la mayoría de la gente en el país cree que es verdad decidirá cómo se comportará la gente de ese país. Suponga que ha adoptado la forma de percibir la realidad de su país. En ese caso, se identificará con la cultura dominante—si no, entonces es posible que se identifique más con una subcultura o tal vez simplemente siga su propio camino.

¿Y sus amigos? ¿Qué piensan, creen, y sienten? ¿Ha influido eso en lo que cree que es verdad? Con frecuencia, nuestros compañeros o amigos tendrán puntos de vista diferentes a los de nuestros padres o mayores. También tendrán intereses distintos. Como ocurre con todos los grupos, hay una gran variación. Algunos amigos pueden animarnos a volvernos apáticos y perder el tiempo, insistiendo que nada vale la pena. Otros pueden ser ambiciosos y trabajar arduamente siguiendo los deseos de sus padres. Otros pueden creer que es esencial dedicar tiempo al trabajo y a la diversión—es posible que acepten como parte de la vida el tener que trabajar, aunque no les guste, para poder ganar dinero y divertirse. Quizás sus amigos tengan diferentes creencias o formas de pensar y de ver las cosas, y eso está bien.

Lo importante es que estará expuesto a las verdades de sus amigos cada vez que los vea. Estos amigos no le dirán necesariamente su Tao o su forma de ser y ver las cosas, pero estará viviéndolas por medio de sus acciones. Un amigo puede pasar por su casa de modo inesperado pidiendo que lo acompañe a un concierto. Le está diciendo con sus acciones que todos deberían estar siempre listos para iniciar una aventura—la vida se trata de espontaneidad. Cuando llama a otro amigo, este responde que está ocupado estudiando o yendo a la iglesia—su vida está más estructurada y planificada, se trata de responsabilidad. No hay una forma correcta o incorrecta. Pero al estar expuesto a las verdades de diferentes personas empezará a ser susceptible a esas verdades. ¿Qué le parece correcto? ¿Cuál es su verdad?

Podemos profundizar más. Quizás una escuela (o club o evento) a la que asistió era conocida por ser la inteligente, o la atlética, o la creativa y artística. ¿Fue a una escuela que tenía una reputación en particular, para bien o para mal? ¿Y esa cultura acabó influyendo en la forma en que se veía a sí mismo? Si fue a la escuela creativa, ¿las habilidades creativas se volvieron más importantes para usted mientras estuvo ahí? ¿O eligió esa escuela porque, para empezar, ya valoraba la creatividad?

Comprenda que cada grupo al que pertenece, cada miembro de la familia y amigo, y cualquier noticia o medio de comunicación al que dedica tiempo—todo está influyendo en su verdad. Con toda probabilidad, la dirección promedio hacia la que todos estos lo están apuntando es la dirección a la que le llevará su verdad. Si su escuela o trabajo, familia y amigos valoran la expresión creativa, probablemente usted también lo haga, y es posible que aspire a dibujar, escribir o actuar para expresar este lado de sí mismo.

Sin embargo, ¿qué pasa si hay una gran división? ¿Qué pasa si su familia es organizada, trabajadora y tradicional, pero sus amigos son desenfrenados, quieren divertirse y no se preocupan por nada? En este caso, tiene que tomar una decisión. ¿Cuál es su verdad, su camino de vida?

Vivir nuestra verdad no es solo un ejercicio intelectual. En algunos casos podemos decidir experimentar con nuestras vidas, probar algo nuevo y ver a dónde nos conduce. En otros casos es posible que no elijamos una ruta en particular, sino que decidamos vivir diferentes aspectos de nosotros mismos.

Cuando valora todos sus grupos—tales como la escuela, el trabajo, los amigos, la familia, los clubes, etc., y quiere agradar a todos, es posible que descubra que usted es diferente para diferentes personas. Hasta cierto punto, esto es normal. Todos tenemos diferentes roles. Alguien puede ser madre, hija, esposa, y abogada. Todos estos son roles distintos que requieren diferentes capacidades y enfoques. Y ninguno de ellos, necesariamente, entra en conflicto con el otro. Alguien que esté motivado podría cumplir con todas estas obligaciones exitosamente.

No obstante, hay un punto en el que podemos llevar las cosas demasiado lejos. Es posible que se comporte respetuosamente con sus padres tradicionales. Por otro lado, con sus amigos desenfrenados puede comportarse de una manera completamente distinta—ignorando descaradamente la idea del respeto por completo. Del mismo modo, frente a los maestros o su jefe, puede comportarse y obedecer todas las reglas. Mientras que cuando no lo están viendo puede buscar oportunidades para romper todas las reglas posibles. Cuando está con sus amigos deportistas habla y actúa como ellos, pero se transforma en algo diferente cuando está con amigos creativos y sensibles. Es posible que cambie para evitar conflicto con el grupo con el que se encuentra.

En ese caso, ¿quién es en realidad? ¿Es alguien diferente para diferentes personas? ¿Es posible que algunas partes de sí mismo entren en conflicto? Quizás su verdadera naturaleza sea como la del camaleón, y se siente más como su yo cuando puede desempeñar diferentes roles. Sin embargo, si se siente destrozado y como si fuera un actor falso, es momento de volver a descubrir un camino hacia su verdad.

Algunos de estos ejemplos pueden aplicarse a usted, pero quizás no. Confío en que vea que en algún momento podemos llevar las cosas demasiado lejos. Podemos intentar ser todo para todos y perder de vista quiénes somos. Cuando se pierde, esto significa que ha dejado de caminar por el camino de la verdad. Debe buscarlo una vez más y regresar a su verdadero yo.

Lo que nos impide vivir nuestra vida es el miedo a que alguien no nos acepte por lo que somos, o que se burlen de nosotros, o no nos comprendan, o simplemente nos critiquen y juzguen. Nos preocupamos por estas cosas que pueden mantenernos atrapados viviendo la verdad de otra persona, en lugar de vivir la nuestra.

La verdad tiende a ser elusiva porque gran parte de lo que queremos entra en conflicto con ella. Es posible que deseemos agradar, lo que puede convertirse en querer ser populares y después en querer ser famosos. O es posible que deseemos comprar algo, lo que puede convertirse en querer comprar artículos más caros y luego en querer ser ricos. O es posible que deseemos sentirnos mejor con nuestras vidas, lo que puede convertirse en querer sentirnos superiores a los demás y después en querer más, y más poder. Muchos de nosotros tenemos esos deseos, sin embargo, esos deseos tienden a alejarnos de la verdad.

Para profundizar un poco más en estos ejemplos, ser popular o famoso no tiene ninguna sustancia. En muchos casos, las personas que se obsesionan con tales cosas se verán obligadas a vivir una mentira porque cuando les mentimos a otras personas podemos lograr agradarles más rápidamente. Podemos mentir y fingir tener los mismos motivos, intereses, y objetivos que otras personas solo para ser aceptados. Sin embargo, si hacemos esto, los lazos y las amistades que desarrollamos serán falsos y frágiles.

De manera similar, cuando se trata de dinero, mentirle a la gente puede proporcionar un atajo para conseguirlo más rápido.

En cuanto al poder, mentir en momentos estratégicos o presentarse a sí mismo de una manera más aduladora puede ayudar a adquirir más poder.

En fin, podemos ver que la popularidad, el dinero y el poder no son necesariamente falsos en sí mismos. Pero sentirse atraído por ellos, en lugar de por un bien mayor, tenderá a alejarnos de la verdad.

Acabamos de discutir algunas de las cosas más comunes que la gente siempre ha querido: ser popular o tener dinero y poder. En esencia, gran parte de la sociedad se alejará de la verdad. Incluso pueden alejarse tanto de la verdad hasta el punto en que un día se mirarán al espejo y ya no reconocerán la cara que ven.

¿Se ha mirado al espejo últimamente? ¿Sabe quién lo está mirando desde ahí?

Supongamos que muchas de las personas que conocemos luchan por la popularidad, el dinero y el poder. En ese caso, pueden terminar teniendo poca idea de quiénes son. Es triste decirlo, pero a veces nuestras búsquedas pueden llevarnos directamente a la falsedad si no tenemos cuidado.

Le recuerdo que mi objetivo aquí, es actuar como guía para ayudarle a encontrar las verdades que son importantes para usted. Estas son las verdades que le ayudarán a vivir la vida que estaba destinado a vivir, la cual es la mejor vida para usted. Parte de mi papel es advertirle sobre los caminos que pueden alejarlo de su verdad.

De acuerdo con mi experiencia; la popularidad, el dinero y el poder son más significativos y satisfactorios cuando los adquiere debido a que está viviendo su verdad, no al tratar de obtenerlos directamente.

Regresemos a nuestra idea central en este capítulo. ¿Por qué la verdad es elusiva? Una razón clave es que, a menudo, las personas que le rodean estarán mal informadas. Tendemos a engañarnos pensando que quienes nos rodean lo tienen todo resuelto, pero rara vez lo hacen. Si sigue los consejos de aquellos que están perdidos, es probable que también se encuentre perdido, alejándose de la verdad. Comprenda que el hecho de que la mayoría de las personas en su vida estén siguiendo un camino no significa que ese camino sea correcto. No lo convierte en el camino que estaba destinado a seguir.

Tenga cuidado antes de elegir seguir a alguien. Primero, debe preguntarse. *¿Esta persona me conducirá hacia mi verdad o me alejará de ella? ¿Se preocupa por mi verdad?*

Algo que aprendí hace mucho tiempo es que la mayoría de las personas *no* tiene esto resuelto. La mayoría de la gente no ha encontrado su verdad. Es posible que hayan visto fragmentos de ella, pero no mucho más. Es posible que hayan probado su realidad, pero no mucho más. Es posible que hayan visto el camino que debían tomar y lo hayan iniciado, pero no mucho más.

La mayoría de nosotros vivimos la verdad promedio de las personas más cercanas a nosotros como amigos, familiares, vecinos y colegas. Lo que sea que ellos piensen, nosotros pensamos. Lo que hagan, hacemos. Somos como un espejo con los mismos pensamientos, creencias, deseos, acciones y, finalmente, las mismas verdades.

En algunos casos esto puede ser bueno y útil, pero en otros casos esto podría estar frenándonos.

Desafortunadamente, la mayoría de nosotros estamos viviendo las verdades más convenientes que nos han sido transmitidas. Ya sea que hablemos sobre ética, la política, o qué valores tener en la vida, su verdad puede haber sido simplemente lo que creían la mayoría de las personas a su alrededor, o aquello a lo que estuvo expuesto primero.

Nos gusta pensar que estamos mapeando nuestras propias vidas, resolviendo las cosas por nuestra cuenta. ¿Pero realmente lo estamos haciendo? ¿No se nos ha trazado convenientemente el camino y simplemente lo seguimos? Hago estos comentarios aquí no para criticar, sino para instarnos a pensar de manera más profunda sobre el camino de nuestra vida. ¿Es nuestra esta verdad conveniente que tenemos frente a nosotros, o la de alguien más?

Quiero dejar claro que el camino de la conveniencia no es necesariamente erróneo. La mayoría de las perspectivas tendrán algo de verdad en ellas. Si sus padres le dijeron que trabajara duro y no se metiera en problemas, ¿cómo puede alguien discutir esto? Desde luego, es bueno trabajar duro y no meterse en problemas. Pero por fácil que sea estar de acuerdo con estas ideas, también es valioso cuestionarlas. Siempre debería sentirse lo suficientemente cómodo para cuestionar; para descifrar la verdad por su cuenta y a su manera.

Si sus padres le aconsejaron que trabajara duro, piense en lo que realmente significa "trabajar duro". Algunas personas trabajan demasiado y lastiman su cuerpo, o no descansan lo suficiente y tienen un accidente en el trabajo. Algunas personas trabajan duro, pero cometen los mismos errores una y otra vez, lo que las obliga a trabajar más duro y durante más tiempo para corregirlos. Es posible que trabajen duro, pero logran muy poco.

Trabajar duro puede ser una cualidad positiva, pero depende de cómo lo abordemos.

¿Y qué significa "no meterse en problemas"? A veces no puede evitar los problemas. A veces los problemas lo encuentran—¿qué hace entonces? Esto no se nos dice, ya que los problemas pueden presentarse en una gran variedad de formas. Es difícil estar preparado para todo tipo de problemas que podrían surgir. Nuestros mayores nos dicen que no nos metamos en problemas por una buena razón. La mejor forma de no meterse en problemas es evitándolos por completo. Sin embargo, cuando se encuentra con problemas, a veces no tiene más remedio que ser parte de ellos.

Al advertirle que la mayoría de nosotros acepta las verdades que se nos han dado, no quiero que sienta que debe rebelarse contra todas las ideas convenientes en su vida. Es probable que haya algo de verdad fundamental en las perspectivas a las que ha estado expuesto. Precisamente, necesita pensarlo por su cuenta y quizás probar lo que funciona para usted. Deje de suponer que una verdad que le ha sido dada sea de hecho la verdad suprema.

Tenga presente que las verdades convenientes son necesarias para que la sociedad funcione. Imagínese si un bebé nunca hubiera estado expuesto a ninguna de las perspectivas que valoramos en la sociedad. Sería como perderse en la selva. Allí no habría verdad. Los padres del bebé no estarían ahí para proteger, enseñar, o ayudar. Sin entender lo que es verdad, y sin nadie que guíe al bebé por un camino de la verdad, no sobrevivirá. Cuando somos jóvenes, necesitamos algunas verdades convenientes que sirvan como punto de partida—pero después de esto debemos seguir nuestro propio camino.

Por ejemplo, algunas verdades convenientes podrían ser tratar a las personas mayores con respeto, compartir con los amigos, y tomar responsabilidad por sus acciones. Suponga que le enseñaron esas cosas en la escuela o en su casa. En ese caso, son convenientes porque sencillamente las siguió. Después, fue recompensado por seguirlas o castigado por no hacerlo. No estoy insinuando que estos valores estén equivocados. Solo estoy diciendo que son convenientes. Nos ofrecen un ejemplo de las verdades que las personas que nos rodean sostienen y nos transmiten.

Estar expuesto a diferentes verdades a medida que crece no es tan malo. Es algo hermoso, que nos ofrezcan cierta dirección en la vida.

Pero la verdad absoluta y universal sigue siendo elusiva. Las verdades universales son principios o ideas que creemos que siempre se aplican. Son ideas como *Siempre debería dar a la gente el beneficio de la duda.* Esta mentalidad funciona hasta el momento en que se aprovechan de usted. Otra idea puede ser que, *Siempre debería dar lo mejor de mí.* Esta mentalidad también funciona hasta que descubre que dar siempre lo mejor de sí puede costarle su salud. Otra idea es que, *Soy un artista muy talentoso, destinado a tener fama y riqueza.* La teoría tiene sentido hasta que conoce un artista aún más talentoso que decide que su trabajo no es digno de mención en lo absoluto.

Cuando pensamos que tenemos estas verdades universales, la mayoría de las veces estamos equivocados. Es mejor entender que solamente tenemos un pedazo del pastel de la verdad.

Cuando entiende una parte de la verdad, el resto se le ha escapado. Ha entendido solo un pequeño detalle que se aplicó en un caso, en un momento dado, pero el resto se ha ido y se ha deslizado como una serpiente.

Puede pensar que conoce la verdad, pero es solo porque no puede darse cuenta de lo que no sabe.

No puede ver lo que aún no ha visto.

Comprenda que el camino hacia la verdad es un viaje. La verdad tiende a escaparse, pero aun así vale la pena perseguirla. Entre más verdad encuentre más de su Yo descubre, y más se convierte en la persona que estaba destinada a ser.

Aquí hay una advertencia sobre la verdad que nadie quiere admitir.

Hoy aprenderá algo que le hará pensar que lo tiene todo resuelto. Se sentirá genial, como si por fin hubiera descubierto la verdad. Mañana, aprenderá algo que le hará cuestionar lo que creía saber. Al día siguiente descubrirá que para empezar tenía parte de la razón, así que no todo está perdido. Más adelante, se volverá a cuestionar a sí mismo y se dará cuenta de que algunas cosas que pensaba que tenían sentido no la tienen. Entonces cuestionará su enfoque por completo. A continuación, se dará cuenta de que no consideró algo importante, lo que le obliga a empezar de nuevo desde el principio.

Entonces, después de años de arduo trabajo, algo mágico sucederá.

Las estrellas se alinearán. Tendrá la epifanía más grandiosa de toda su vida. No tiene idea de cómo no lo vio antes. Ahora todo está claro. Estuvo ahí todo el tiempo esperando que lo encontrara. La solución era tan básica. No puede creer que no haya pensado en eso antes.

Todo lo que pensaba que sabía antes estaba equivocado. Ahora tiene la verdad en sus manos.

No, espere un segundo.

Cometió un error. No consideró algo.

De acuerdo, no hay problema, tiene en cuenta la parte que se le había olvidado y ahora todo vuelve a tener sentido.

¡Finalmente la tiene!

Hasta que no la tiene—la verdad se le escapa de los dedos como granos de arena.

Entonces la tiene de nuevo.

Después no la tiene.

En toda su frustración decide tomar un descanso.

Entonces se terminó el descanso.

Trabaja duro, recibe ayuda y avanza un poco.

Después de años de trabajo siente que está cerca de hacer un descubrimiento.

Las nubes se alejan, y el sol brilla más fuerte que nunca.

Tal vez, solo tal vez, ¿esta vez la tiene? ¿Quién puede decirlo?

Este es el viaje hacia la verdad. Cuando crea que tiene la verdad tenga cuidado.

La verdad tiende a escaparse, vuelva a reorientarse hacia ella.

PREGUNTAS CLAVE

(La Verdad Tiende a Escaparse y Debemos
Reorientarnos Nuevamente Hacia Ella)

1. ¿Qué es lo que quiere si acalla las voces de todos los demás en su mente?

2. ¿Cuáles son sus sentimientos, emociones, creencias, y acciones naturales que se siente inclinado a satisfacer antes de considerar lo que los demás quieren y esperan de usted?

3. ¿Puede vivir como su verdadero yo en este momento, o hay algo que lo está alejando de esto?

4. ¿Existe una verdad sobre algo que sinceramente desea saber, pero se le tiende a escapar?

5. En este momento, ¿siente que tiene su verdad o que está en su búsqueda?

ACTÚE HOY

(La Verdad Tiende a Escaparse y Debemos Reorientarnos Nuevamente Hacia Ella)

Acción: **Hoy, vaya a observar a la gente.** Busque alguien que no parece estar consciente de sí mismo o de sí misma. Es decir, que se encuentre en su estado natural. Es posible que estén dando una caminata, leyendo, o mirando artículos en una tienda. No importa lo que estén haciendo—solo tome nota.

Pregúntese: ¿Es esta una persona que conoce su verdad personal, es alguien que está perdido, o se encuentra en algún punto intermedio?

Intente mirar más profundamente a una persona y ver debajo de la apariencia superficial, los títulos, éxitos, o fracasos de su vida.

Conéctese con alguien, aunque sea en la distancia. ¿Cómo es su día? ¿Cuál es su verdad? ¿Cuánto puede aprender sobre una persona en un periodo corto, solo por medio de la observación? Es posible que se sorprenda. Al no conocer a esta persona y no tener una expectativa particular, usted puede estar en posición de observar el verdadero yo de él o ella.

Razonamiento: Con esta actividad, espero que abrirá los ojos y verá que independientemente de la apariencia o del estatus de alguien, a menudo una persona tendrá dificultades para aferrarse a su verdad. Las personas que parecen estar en la cima del mundo en un entorno, pueden parecer inseguras y perdidas en otro—o viceversa. Cada día, únicamente vemos el lado de las personas que eligen mostrarnos.

Consejo: Observe a distancia, de manera que no interfiera con lo que está haciendo la persona que está observando. No siga a nadie a diferentes lugares—permita que tengan su espacio. Es útil que pretenda que está haciendo algo como leyendo un libro o disfrutando de una merienda. De este modo, no parecerá que simplemente está observando a alguien. Y, desde luego, si hace que alguien se sienta incómodo, deje de observarlo.

Debemos Conocernos Nosotros Mismos Antes de Conocer Cualquier Otra Cosa

"Un ser humano tiene tantas pieles por dentro
que cubren las profundidades del corazón.
¡Sabemos tantas cosas, pero no nos conocemos
a nosotros mismos! ¿Por qué, treinta o cuarenta
pieles, tan gruesas y duras como las de un buey
o un oso, cubren el alma? Vaya hasta su propio
fondo y aprenda a conocerse a sí mismo ahí".

— Meister Eckhart

En mi búsqueda de la verdad llegué a esta realización—¿*Cómo podemos saber algo si no nos conocemos nosotros mismos?* Todo lo que estamos procesando y comprendiendo en este mundo ocurre a través de nosotros. Solemos olvidar que el cerebro es parte del universo. Y el cerebro está procesando *todo*. Debemos intentar entender la forma en que funciona nuestra mente para poder comprendernos nosotros mismos y al universo.

La ilusión que se nos presenta todos los días es una en la que estamos aprendiendo información objetiva sobre el mundo que nos rodea. Veo un bebé, y creo que genuinamente estoy viendo ese bebé. Veo una flor, y creo que realmente la veo—lo mismo con el sol, con un pájaro, y con el suelo bajo mis pies.

No, no veo estas cosas por lo que son. Todo lo que veo y percibo es por medio de mis sentidos y de mi perspectiva. Todo está filtrado a través de mí y de cómo me afecta. Si tengo frío, el sol es genial. Si tengo calor, quiero evitar el sol. El sol no ha cambiado tanto como lo ha hecho mi perspectiva en un momento particular del día.

Cuando aprende sobre sus necesidades, deseos, pensamientos, y hábitos; y entiende su perspectiva por lo que es, puede empezar a ver la verdad más amplia ahí afuera. Aprenda la verdad sobre sí mismo y sobre quién es, y comenzará a ver la realidad del universo más expansivo. De manera interesante, cuanto más vea que sus caminos son falsos y comprenda las limitaciones de su perspectiva, tal vez se acercará más a la verdad.

Comprenda que su mente es la herramienta clave que utiliza para percibir, y por lo tanto debe aprender al menos algunos de los conceptos básicos sobre cómo funciona.

Por ejemplo, un astronauta debería estar bien informado sobre qué es un telescopio y cómo funciona antes de usar uno. Por muy poderosa que sea esta herramienta, la utilizará para ver cosas que están increíblemente lejos como los planetas y los asteroides. Tratar de usar uno para ver a través de objetos o para ver objetos que se encuentran cerca sería ridículo. No fue diseñado para eso.

Tenga en cuenta que el cerebro es una herramienta a partir de la cual intentaremos darle sentido a todo lo demás. Ve alguna cosa, y esto es solo un patrón de neuronas que se activan en su cerebro. Este patrón se convierte en su realidad. Lo siente en su cerebro y después en su cuerpo como su realidad. Y tal vez lo sea. O quizás sea simplemente su perspectiva única. Tiene que aprender a darse cuenta cuando existe una diferencia.

Hasta aquí, he considerado principalmente nuestra mente consciente, que es lo que el cerebro nos permite ver. Pero hay muchas cosas que no podemos ver. Hay partes de nosotros mismos a las que no tenemos acceso.

Este es el subconsciente. Se encuentra por debajo de nuestra mente consciente.

Dado que tenemos un subconsciente que es en gran parte ignorado o inexplorado, debemos admitir que no nos conocemos muy bien a nosotros mismos.

¿Qué proporción de las experiencias de una persona se encuentran en el subconsciente? No podemos confirmarlo, ya que estas partes no son accesibles. Puede ser un 10%, 50%, o 90%. Quizás algunas personas que han sufrido un trauma esconden en su subconsciente algunas de estas experiencias o pensamientos y sentimientos relacionados. Finalmente, el subconsciente está ahí para protegernos de verdades que nos lastiman.

Ahora, consideremos esto: ¿Qué tan bien se conoce a sí mismo? Es una pregunta fundamental, pero no tan fácil de responder. Le acabo de decir que una parte desconocida de nosotros mismos está en el subconsciente. Si ese es el caso, es difícil estar seguros de qué tan bien nos conocemos nosotros mismos.

Entonces simplifiquemos la pregunta. ¿Qué tan bien conoce su yo consciente? Incluso aquí, podemos encontrar que no sabemos tanto como creemos.

Nos agrada pensar que nos conocemos y nos entendemos, pero ¿alguna vez se ha visto en una situación inesperada o novedosa? ¿Reaccionó de manera diferente de lo que hubiera esperado? Probablemente esto sucedió porque no tenía experiencias previas para juzgar qué hacer. Es posible que haya reaccionado basándose en la emoción, la intuición, o el instinto. Al final, quizás reaccionó de manera exagerada, o puede que hasta se haya sentido abrumado y paralizado en lugar de tomar medidas.

La mayoría de nosotros vivimos en circunstancias ordinarias o anticipadas, día a día. En general, sabemos lo que enfrentaremos y sabemos cómo solemos responder a estos eventos. Nos conocemos a nosotros mismos siempre y cuando estemos lidiando con circunstancias ordinarias y cotidianas. Pero rara vez nos conocemos en situaciones que nos empujan hasta nuestros límites.

Cuando se encuentra en una situación fuera de lo que normalmente esperaría, puede conocer un nuevo yo. Esto puede ser bueno o malo, por supuesto. Creo que es bueno empujarnos más allá de nuestra zona de confort. De cualquier modo, todos tenemos límites, y empujar demasiado lejos puede ser traumatizante, de manera que debemos evitarlo.

Piense en algunas de estas circunstancias que traspasan los límites: Imagínese si esto le sucediera.

- Hereda 10 millones de dólares inesperadamente.
- Está en un cajero automático, y alguien le apunta con un cuchillo y dice que le entregue el dinero.
- Está perdido en medio de la selva. No tiene comida, ni agua, ni refugio.
- Un extraño en las calles lo menosprecia y acosa, y no deja de seguirlo—usted no ha hecho nada para provocar esto.
- Gana un premio Novel o el premio más alto que alguien podría obtener en su campo de estudio.
- Está cenando en un restaurante elegante, y un extraño comienza a escupir sobre la comida de las personas en su mesa.
- Está en una competencia intensa, y está a punto de ganar cuando se cae horriblemente en el último momento (por ejemplo, está corriendo en un maratón y se tropieza y cae, y otra persona gana).
- Va caminando al trabajo cuando se da cuenta de que una escuela está en llamas, hay cientos de niños adentro ajenos a que el edificio se está quemando. El fuego arde y nadie está haciendo nada al respecto.
- Su cuenta bancaria está agotada sin ninguna explicación, y nadie en su banco puede resolver cuál es el problema.

¿Sabe qué haría en estos casos? A veces creemos que lo sabemos, pero no lo sabemos hasta que nos enfrentamos con situaciones diferentes que nos empujan hasta nuestros límites.

Y llegamos a un punto crítico aquí. Es posible que pueda descubrir su verdad más rápidamente cuando se esfuerza al límite. No es esencial hacer esto en *todas* las áreas de su vida. Pero puede tener sentido desafiarse más a sí mismo en *algunas* de las áreas más importantes para usted. Desde luego, a veces la vida puede llevarlo al límite, ya sea que lo quiera o no.

Por ejemplo, quizás acaba de recibir una excelente oportunidad de trabajo, pero se encuentra en otro estado o provincia. Está emocionado y decide que seguirá adelante y se moverá. Cuando su mejor amiga se entera de esto, se siente infeliz y enojada con usted. Siente que la está traicionando al moverse a otro lugar. Por otra parte, su verdad le dice que debe explorar un nuevo lugar y trabajo para vivir a la altura del potencial de su vida. Esta amistad puede ser una de las relaciones más importantes en su vida, sin embargo, puede decidir ponerla a prueba. Aunque sea una de sus mejores amistades, debe emprender este viaje por sí mismo.

Quizás su amiga se enoje bastante y tenga dificultades para aceptar que ha elegido abandonarla, al menos desde la perspectiva de ella. Desde luego, si vale la pena conservar esta amistad, debería encontrar una forma de enmendarla y mantenerse en contacto. Después de todo, si la amistad no pudo sobrevivir a su mudanza quizás era hora de hacer nuevos amigos. Es posible que desee evitar tener amigos que solo le retengan y le impidan vivir su verdad.

Comprenda que todo lo que aprende y todo lo que experimenta es procesado a través de sí mismo. Esto es obvio, ¿no es así? Pero piense en esto más a fondo. Todo es procesado y filtrado a través de su mente, emociones, sentimientos, creencias, pensamientos, experiencias previas, deseos y metas. Todo lo que lee, ve o experimenta es filtrado a través de su yo. Por esa razón debe conocerse a sí mismo.

Aprenda a ser consciente de sus propios prejuicios, ya que estos lo alejarán de la verdad. Por ejemplo, si admira a alguien, es posible que no vea nada malo de lo que hacen. Puede suponer que tienen razón en todo y seguir ciegamente su verdad en vez de perseguir la suya propia. En cambio, es mejor conocerse a sí mismo para comprender sus puntos de vista y sus limitaciones. De esta manera, podrá ver la verdad mayor.

Mientras explora y entiende su verdad, tenga cuidado si hay personas a su alrededor que sean muy inflexibles en la búsqueda de su verdad. Todos tenemos derecho a perseguir nuestra verdad, pero a veces esas personas son demasiado contundentes, y se olvidan de considerar la verdad de los demás. Escuche la verdad de ellos y téngalas en cuenta, pero no deje que ahoguen su verdad y su espíritu.

Como precaución, preste atención si hay personas en su vida que insisten en que viva de acuerdo con la verdad de ellos. Esté alerta si hay grupos a los que pertenece a los que no les importa su verdad y solo les interesa cuánto cree en la verdad de ellos. Si eso sucede, es posible que se aleje de su verdad personal, ya que se verá limitado por las formas de percibir de otras personas. En cambio, será más productivo seguir su propio camino.

Al buscar su verdad, tenga presente que no tiene la imagen completa. La imagen completa se está revelando todo el tiempo frente a nosotros, en esta realidad, en este universo. Y cuando creemos que la hemos captado cambia ante nosotros. El universo no es estático—está evolucionando, cambiando y adaptándose.

Debería tener cuidado si cree firmemente que ya tiene la verdad. Sentirse de esta manera presentará obstáculos para encontrar más de su realidad. Es saludable tener algunas dudas porque así puede estar abierto a explorar, aprender y descubrir más de la verdad que aún le espera.

Comprenda esto: al conocerse a sí mismo más a fondo estará en una mejor posición para identificar la verdad real. Sin embargo, el error más grande que puede cometer es suponer que su perspectiva singular es la única y la verdad completa. Por el contrario, es solo una parte del pastel de la verdad. Eso es todo.

Recuerde desconfiar de las verdades que se sienten demasiado fáciles—aquellas en las que creen todos los que le rodean, en las que insisten sus padres, su jefe o sus compañeros. Sus perspectivas no son necesariamente falsas—pero cuestione si sus opiniones merecen ser parte de su verdad. Si cree en todos los hechos convenientes—por ejemplo, si le hacen sentir bien consigo mismo, o si simplemente es más fácil estar de acuerdo con las personas que le rodean, entonces debe reflexionar y cuestionarlos.

Si no los cuestiona públicamente, al menos hágalo por su cuenta.

Con frecuencia, estamos rodeados de historias en nuestra vida cotidiana. Simplemente no nos damos cuenta de que esto es lo que son. Confundimos estas historias convenientes con la verdad. En lugar de ser la verdad, tienden a tener *algo* de verdad en ellas. Las historias pueden convencer a las personas de que actúen, hacer que las personas se sientan parte de un grupo, o hacer que crean en algo. Sin embargo, rara vez les brindan toda la verdad.

Piense en las historias en su vida y las verdades o falsedades en ellas. ¿Hay historias que se cuenta sobre sí mismo? ¿Sobre otros? ¿Qué tan precisas son esas historias?

En la mayoría de las historias que cuenta la gente, se presentan a sí mismos como héroes. Quienquiera que escriba la historia es a menudo el que sale como héroe. ¿Es esto verdad o solo una cuestión de perspectiva? Naturalmente, cuando encuentra un grupo que cree una cosa y otro grupo que piensa lo contrario, esto suele ser una cuestión de perspectiva. Al final, ambos grupos pueden tener parte de la verdad.

¿Sabe qué quiere lograr en la vida? ¿Sabe cuáles son sus verdades más profundas? Si lo sabe, ¿es esto algo que le cuenta alegremente al mundo? A veces es mejor guardar este conocimiento para sí mismo.

Es importante saber lo que quiere. Pero tenga en cuenta que a menudo estos deseos representan una vulnerabilidad, un punto débil para que alguien intervenga y le diga lo que quiere escuchar. Cuando le dicen lo que quiere escuchar pueden manipularlo para conseguir lo que quieren.

Si desea una relación a largo plazo, por ejemplo, pueden darse cuenta y fingir ser lo que sea que creen que usted quiere. Pueden hacer esto incluso si prefieren una relación a corto plazo, solo porque creen que es lo mejor para agradarle. En su búsqueda de la verdad debería comprender que algunas personas no tienen ningún problema en mentir para conseguir lo que quieren.

Cuando sabemos lo que queremos tenemos que ser honestos con nosotros mismos. Pero también, deberíamos considerar *no* exponerlo para que todo el mundo lo sepa. Si confía o ama a alguien, entonces por supuesto, puede compartir su corazón con esa persona.

De lo contrario, es posible que valga la pena desarrollar una cara de póker y *no* transmitir al mundo lo que cree que es la verdad o lo que quiere. Cuando la gente le ofrece convenientemente el camino hacia lo que quiere, puede ser para aprovecharse de usted, para conseguir lo que quieren. Cuando tiene una cara de póker, los demás no sabrán exactamente lo que quiere, por lo que pueden revelar más del verdadero yo de ellos.

En esta vida, otros intentarán ofrecer una hoja de ruta para lo que sea que usted quiere. Pero ¿y si ni siquiera sabemos lo que queremos?

Recuerde la idea principal de esta sección: **Debemos conocernos nosotros mismos antes de conocer cualquier otra cosa.**

Esta idea puede ser difícil de comprender en su totalidad, veamos algunos ejemplos de cómo se puede interpretar esto.

Suponga que nunca ha sido amado o que nunca ha amado a alguien. ¿Cómo puede leer a Shakespeare o la literatura que se centra en este tema y entenderlo realmente? ¿Cómo ver a los enamorados en la calle y saber lo que sienten? Naturalmente, para conocer el amor debe darlo, aceptarlo y explorar lo que esto significa en su propia vida. Debe experimentar lo que es el amor, si alguna vez espera comprenderlo en el mundo que le rodea.

Así es como funciona en muchas áreas de la vida. No solo con el amor. Por ejemplo, considere la violencia. En algún momento, incluso cuando era niño, es posible que haya actuado de manera violenta. Es posible que se haya sentido frustrado porque no consiguió lo que quería y decidió golpear o empujar a alguien. Al experimentar este comportamiento, aprendió que tenía una parte de sí mismo que podía volverse violenta. Se dio cuenta de que podía enojarse o volverse impulsivo.

Y al explorar algunas de estas partes de sí mismo quizás fue capaz de comprender mejor cómo ocurre la violencia en el mundo. Tal vez sea porque alguien quería algo desesperadamente y no lo consiguió. Quizás sea porque alguien no contó con adultos en su vida que le enseñaran que este comportamiento estaba mal (al menos fuera de la defensa propia). Es posible que al presenciar una gran injusticia a su alrededor haya sentido que podría recurrir a la violencia.

Independientemente de si considera que la violencia es aceptable en ciertos casos o no, es probable que entienda cómo algunas personas recurrirían a esto. Incluso si prefiere no actuar de acuerdo con esos sentimientos, probablemente haya experimentado algunas emociones que pueden conducir a la violencia—la envidia, la ira, el egoísmo, la impulsividad, y así por el estilo.

Dado que ha visto la violencia, ha sentido la necesidad de golpear o empujar, ha sido golpeado o empujado en algún momento, usted entiende lo que es. Ahora puede leer sobre guerras o ataques vengativos y comprender, a cierto nivel, por qué está sucediendo incluso si está en desacuerdo con ello. Pero si no supiera esto acerca de sí mismo, ¿cómo lo entendería en el mundo que le rodea?

Todos sabemos que desde el punto de vista de la moral la violencia no es aceptable. Aprendemos esto de niños en la escuela. Pero sigue siendo una realidad de la vida. Si podemos comenzar a comprender nuestra naturaleza violenta (aunque no actuemos en consecuencia), entonces podemos llegar a saber por qué o cómo existe la violencia en el mundo.

En definitiva, creo que sabemos cosas sobre el mundo porque conocemos esas cosas sobre nosotros mismos. El clima, los árboles, los pájaros o el sol, son todas cosas que procesamos y filtramos por medio de nuestra mente, pensamientos, creencias, deseos, experiencias previas y acciones.

Cuando ve un árbol, este es procesado por medio de sus ojos, su cerebro, su conocimiento y comprensión de los mismos, sus sentimientos acerca de los árboles, sus creencias sobre ellos y sus experiencias previas. Tendemos a olvidar que si toca un árbol todas sus experiencias con él ocurren en su mente. Claro, el árbol existe en el mundo real—no está solo en su imaginación, pero la forma en que experimenta ese árbol es única para usted. A fin de cuentas, solamente puede conocer ese árbol tan bien como se conozca a sí mismo.

Quizás el árbol tenga alma y voluntad, pero si no conoce su propia alma y su voluntad, ¿cómo puede descubrirla en el árbol o en otros seres vivos en su entorno? Supongamos que no permite sentirse emocional por nada. Entonces, ¿cómo puede sentir empatía por los sentimientos de otra persona o por los dilemas de un árbol? Compartimos muchas experiencias con un árbol—crecemos, podemos vivir hasta la vejez, nos nutrimos con agua, y podemos beneficiarnos de la luz solar.

Aquí hay un pasaje revelador que puede ayudarle a ver los árboles de modo diferente y, al mismo tiempo, podría ayudarle a verse a sí mismo más profundamente:

> "Para mí, los árboles siempre me han dado los sermones más profundos. Los admiro cuando viven en tribus y familias, en bosques y arboledas. Y más aún, hago una reverencia cuando están solos. Son como personas solitarias. No como ermitaños que se hubieran recluido por alguna debilidad, sino como grandes hombres solitarios, como Beethoven y Nietzsche. En sus ramas más altas susurra el mundo, sus raíces descansan en el infinito, pero no se abandonan ahí, luchan con toda su fuerza vital por una sola cosa: realizarse según sus propias leyes, desarrollar su propia forma, representarse a sí mismos. Nada es más sagrado, nada es más ejemplar, que un árbol fuerte y hermoso".—Herman Hesse, *Bäume. Betrachtungen und Gedichte* (Árboles. Reflexiones y Poemas)

Cuanto más se conozca a sí mismo mejor comprenderá al árbol. Y al dedicar tiempo para conocer a un árbol llegará a conocerse a sí mismo más a fondo.

A continuación, consideremos otros pensamientos y preguntas que pueden ayudarnos a comprendernos aún más.

¿Cuánto sabe sobre el ojo humano? ¿Sobre el cerebro? ¿Su alma? ¿O sus deseos? ¿Cuánto sabe sobre sus motivaciones? ¿Cómo se siente con su vida?

¿Qué cree y piensa sobre el mundo y su estado actual—de dónde sacó esta información? ¿Le fue dada o la procesó por su cuenta? ¿Se concentró en los hechos o se enfocó en las conclusiones a las que habían llegado otras personas? ¿Le dieron los "hechos" convenientemente, o trabajó para procesarlos y analizarlos por su cuenta?

¿Cuánto sabe acerca de por qué desea lo que desea? ¿Qué sabe sobre su consciente y subconsciente? ¿Y sobre los sueños—por qué sueña lo que sueña? ¿Qué sabe sobre el ADN—su programación genética?

¿Y su personalidad? ¿De dónde proviene? ¿Hay cosas que le sucedieron antes de que pueda siquiera recordar, que afectaron en quién se convirtió al final?

¿Alguna vez piensa en quién es o simplemente lo acepta? ¿Se permite ser como es o está tratando de convertirse en quien quiere ser? ¿Se ve a sí mismo como algo estático o como un ser orgánico en crecimiento que se está convirtiendo en algo? ¿Y en qué se está convirtiendo?

¿Qué tan profunda es su experiencia humana? ¿Hay una gran profundidad en su vida, o al final es meramente superficial? ¿Con qué profundidad ha experimentado diferentes emociones y sentimientos como el amor, el odio, la generosidad, la codicia, la felicidad, la tristeza, el orgullo, la vergüenza, el entusiasmo y la ira?

¿De dónde provienen sus pensamientos? ¿Son solo procesos automatizados que realmente no puede controlar? ¿Tiene el control sobre sus pensamientos, o provienen de afuera y simplemente los recibe o los siente como si fueran propios?

Entonces, ¿qué es el buen pensar? ¿Cómo saber si sus procesos de pensamiento tienen sentido y valen la pena? Quizás gran parte de sus pensamientos no son tan acertados, lo que le lleva a tomar decisiones terribles en su vida. ¿Cómo se daría cuenta? Si sus habilidades de pensamiento crítico son deficientes, probablemente no se dará cuenta de que este es el caso, ¿verdad?

Considere las emociones. ¿Cuáles suele experimentar más? ¿A menudo está triste, enojado, esperanzado, feliz o ansioso? ¿Es impasible? ¿Sus emociones son fácilmente accesibles para usted o están escondidas? ¿Las confronta, niega o ignora? ¿Las siente profundamente y las deja pasar, o se aferra a ellas hasta que agoniza? ¿De dónde provienen estas emociones?

¿Es racional, intuitivo, creativo, inquisitivo, exigente, persistente o apático? ¿Qué lo describe? ¿Existe una palabra que pueda representarlo? ¿Una frase?

¿Qué es el entendimiento? ¿Es algo que sabe si lo tiene? ¿O es algo fugaz? ¿Puede saber algo solo mediante la emoción, la intuición o la razón, o necesita más? ¿Su mente solo identifica patrones y asociaciones, o entiende algo? ¿Piensa que le está dando sentido a la vida o, en realidad le está dando sentido? ¿Cómo sabría la diferencia?

¿Son sus pensamientos, creencias, sentimientos, deseos y conducta realmente suyos, o son solo el promedio de las cinco personas más cercanas en su vida?

¿Es su propio ser independiente o es parte de un continuo o cadena de ser? Por ejemplo, ¿es una extensión de sus padres? ¿Ha reencarnado, habiendo estado siempre aquí? ¿O es un individuo único?

¿Cuánto puede saber? ¿Cuánto vale la pena conocer?

¿Cuán profundamente ha contemplado quién es?

¿Es un extraño para sí mismo o sabe quién es?

¿Es consciente o simplemente está atravesando procesos que le dan la ilusión de pensar, sentir y saber?

¿Es todo esto solo una gran ilusión?

¿Quién es?

¿Lo sabe?

Y si no lo sabe, ¿quién podría saberlo?

Ante una nueva situación, ¿sabe qué va a hacer al respecto? ¿Cómo decide qué hacer? ¿Quién le enseñó esto?

¿Quién le enseño a ser su yo y a ser humano?

¿Está siendo su Yo, o simplemente el humano que le enseñaron a ser? ¿Ser un ser humano es algo que hacemos por nuestra cuenta, o necesitamos que nos enseñen a serlo?

Si necesitamos que nos enseñen esto, ¿por qué es así? ¿Es necesario enseñar a todos los animales a ser ellos mismos?

¿Puede un león criado por una cabra crecer pensando que es una cabra? ¿O su naturaleza de león saldrá a la luz al final?

¿Cuál es la esencia y la naturaleza interior suya que nadie más puede vivir? Solo usted puede hacerlo.

Independientemente de lo que aprenda sobre psicología, biología, historia, antropología, filosofía, desarrollo personal o religión, ¿cuánto le enseñará esto sobre sí mismo al final?

Su yo solo puede ser explorado razonablemente por medio de sí mismo. Puede estudiar psicología y aprender sobre usted, y aprender algo de la terminología que puede ayudarle a procesar de lo que trata su experiencia interior. Pero en última instancia, la única forma de explorar su yo es por medio de sí mismo. Incluso si obtiene la ayuda de un coach o terapeuta, ellos le ayudarán a aprender sobre sí mismo mediante sus propias palabras, sentimientos y acciones. Le ayudarán a identificar patrones que tal vez se le hayan pasado por alto.

Tome en cuenta que como sociedades humanas ponemos un gran esfuerzo en mapear diferentes campos de estudio. Los cartógrafos han trazado el mapa del planeta en que vivimos. Los anatomistas han diseñado cada órgano humano y su función. Los físicos han trabajado en diseñar las reglas y la naturaleza del universo en el que vivimos. Los ornitólogos han trabajado en trazar cada tipo de ave que existe. En muchas áreas de estudio parece que nos enfocamos en representar todo el conocimiento que podemos.

Sin embargo, ¿cómo representamos el yo? La psicología puede mapear muchos aspectos diferentes de la mente, la conciencia y el comportamiento. Pero algunos conceptos pueden pertenecer más a unas personas que a otras. Por ejemplo, gran parte de la psicología se ha enfocado históricamente en problemas de la psique y el comportamiento como la identificación de trastornos y síntomas. Un psicólogo puede concentrarse en el sexo (por ejemplo, Sigmund Freud), otro puede concentrarse en la espiritualidad (por ejemplo, Carl Jung), la autorrealización (Abraham Maslow), o la infancia (Jean Piaget).

Es posible que algunos de estos psicólogos simplemente hayan estado explorando su naturaleza interior, y después hayan presentado teorías que reflejaron esto. Si esto es cierto, es posible que hayan pasado por alto características esenciales de lo que significa ser usted. Quizás captaron algunas partes importantes de lo que significa ser humano, pero aun así pasaron por alto algo que lo hace ser quien es.

Los temas que ha seguido la psicología pueden o no ser los que le conciernen a usted y a su verdad. Aunque los psicólogos hayan explorado algunos temas importantes, debe preguntarse cuánto se aplican a su circunstancia en particular.

Ser humano es fascinante, porque en cierto nivel todos somos iguales. Sin embargo, en otro nivel, nuestra individualidad nos distingue de cualquier otra persona que haya vivido.

Tómese el tiempo para descubrir qué es lo que lo hace ser usted.

PREGUNTAS CLAVE

(Debemos Conocernos Nosotros Mismos
Antes de Conocer Cualquier Otra Cosa)

1. ¿Qué tan bien conoce diferentes partes de sí mismo: la emocional, intelectual, espiritual, física, creativa, etc.? ¿Hay ciertos puntos débiles en los que debería concentrarse para comprenderlos más a fondo?

2. ¿Quién es su mejor amigo o amiga? ¿Puede aprender algo sobre sí mismo al hablar con él o ella?

3. Piense en algunas de las decisiones más importantes que tomó en su vida, ¿sabiendo lo que sabe ahora, habría hecho algo diferente? ¿Cómo ha cambiado usted?

4. ¿Qué es algo que aprendió de niño que *no* forma parte de su verdad? ¿Cómo desaprendió esto o cómo podría hacerlo?

5. Cuál es una verdad personal que podría admitir que es solo su perspectiva única—no es necesariamente la verdad para todos los demás.

ACTÚE HOY

(Debemos Conocernos Nosotros Mismos
Antes de Conocer Cualquier Otra Cosa)

Tuve un amigo que me contó que cuando tenía nueve años, su maestra se preocupó al darse cuenta de que no estaba presente en la clase, así que lo buscó. Después de un tiempo, finalmente lo encontró en el baño. Se había estado mirando fijamente en el espejo. Lo extraño es que estuvo allí durante una hora, tratando de conectar con su alma, contemplando su imagen reflejada en el espejo. Fue la primera vez en su vida que se dio cuenta de que no se conocía a sí mismo.

Acción: **Hoy quiero que se mire en el espejo. Contemple su reflejo y hágase algunas preguntas.**

Como recordatorio, aquí están algunas preguntas que hice anteriormente en este capítulo para que reflexione (o puede optar por reflexionar sobre las preguntas de su propia vida):

- ¿Cuánto sabe acerca de *por qué* desea lo que desea?
- ¿Qué tan profunda es su experiencia humana?
- ¿Es un buen pensador?
- ¿Qué emociones suele tener?
- ¿Es racional, intuitivo, creativo, inquisitivo, exigente, persistente o apático?
- ¿Existe una palabra que pueda describirle? ¿Una frase?
- ¿Sus pensamientos, creencias, sentimientos, deseos y comportamientos son realmente suyos, o son solo el promedio de las cinco personas más cercanas en su vida?

Esta tarea puede resultar incómoda, pero eso está bien, Cuando se mira al espejo, ¿está obsesionado con preocupaciones superficiales como cómo se ve? ¿O puede ver más allá en una parte más profunda de su verdadero yo? Aunque esta es una tarea visual, no se quede atascado en las apariencias.

Lo animo a explorar sus sentimientos. Cuando ve sus expresiones faciales, ¿cuál es el sentimiento, emoción o preocupación que las subyace? Ya sea que su rostro esté relajado o tenso, ¿cuál es la razón?

Razonamiento: Pasamos la mayor parte de nuestra vida mirando hacia fuera, no hacia dentro. Mirarse al espejo y hacerse preguntas puede ayudarle a reflexionar sobre quién es, qué quiere lograr en la vida y también a conectarse consigo mismo. Puede haber partes de nosotros mismos que estén ocultas o descuidadas, y deberíamos esforzarnos por reconocer y comprender nuestro yo auténtico.

Consejo: Trate de imaginar que está mirando a otra persona, no a sí mismo. ¿Qué opina de esta persona a la que está viendo en el espejo? ¿Qué cree que siente por usted? Si bien le animo a que se ponga en contacto con sus emociones y sentimientos, también puede considerar sus pensamientos, recuerdos, creencias, deseos y planes.

Identifique Sus Valores para Utilizarlos como Brújula Interior que Ilumine Su Verdadero Camino

"El valor más grande en la vida no está en lo que obtiene. El valor más grande en la vida está en lo que se convierte. Por eso quiero pagar un precio justo por cada valor. Si tengo que pagar o ganarlo, eso me convierte en alguien. Si lo consigo gratis, no me convierte en nada".

— Jim Rohn

Una forma de conocerse a sí mismo y evitar que se le escape la verdad es identificando sus valores. ¿Alguna vez se ha tomado algún tiempo para explorar cuáles son sus valores más arraigados?

Piense en esto: ¿Qué es lo más importante de todo en su vida? ¿La pregunta no produce una respuesta inmediata? Quizás piense en muchos valores, pero no está seguro de cómo ordenarlos. Tal vez todos parezcan importantes.

He descubierto que es primordial conocer sus cinco valores fundamentales. Estos valores formarán su brújula interior desde la cual podrá navegar su vida hacia su verdad. (Para obtener una lista de 100 valores, consulte el final de este capítulo).

Imagínese esto: Es el capitán de un barco, navegando por las aguas desconocidas de su vida. Sin una brújula permanecerá perdido. Aquí, su brújula no estará en direcciones cardinales. El norte, el sur, el este y el oeste no importan. En cambio, para conducir este barco necesitará sus cuatro o cinco valores cardinales para liderar el camino.

Le insto—apodérese de sus valores. Conozca cuáles son. Haga esto ahora o después de leer este capítulo, o al terminar de leer *La Verdad Personal*. De cualquier forma, hágalo.

De pronto, es posible que se encuentre en un territorio nuevo e inexplorado y no sepa qué hacer. Quizás descubra que cuando una situación es incierta, simplemente se paraliza. Cuando esto suceda, puede hacer una pausa y recuperar el juicio y sacar su brújula interior de valores.

En situaciones difíciles de la vida, puede ser útil clasificar por orden de rango sus valores fundamentales. Esto puede resultar difícil, pero inténtelo. Para hacerlo, imagine escenarios o recuerde experiencias que haya tenido en la vida donde un valor compitió con otro. Al final, ¿qué valor fue más importante para usted? ¿Y cuál podría permitirse sacrificar si fuera necesario?

Clasificar sus valores puede parecer un trabajo arduo, pero no lo es. Cuando conozca sus valores estará mucho más cerca de descubrir su verdad. Tome un minuto para identificar algunos valores que posee y después puede examinarlos más de cerca. ¿El valor que cree que es el más importante es realmente el más importante? ¿Ha perdido el rumbo y ha estado dedicando demasiado tiempo, atención y energía a algo que no es muy importante para usted?

Observe cualquier discordancia entre lo que cree que valora y cómo vive su vida. ¿Dónde están las contradicciones? Algunas personas pueden decir que valoran la honestidad, pero mentirán frecuentemente y pocas veces dirán la verdad en un día normal. Algunos pueden decir que desean la paz, pero dan portazos y gritan ante la menor provocación. Otros afirman que valoran la inteligencia, pero se apresuran a tomar decisiones importantes en la vida sin considerar sus opciones y sus probables consecuencias.

Pregúntese dónde está la discordancia en su vida.

Una buena pregunta que debe hacerse es dónde pasa la mayor parte de su tiempo. ¿Valora el tiempo en familia, pero casi nunca los ve porque está trabajando demasiado? ¿O valora el trabajo, pero se distrae con las redes sociales por periodos prolongados?

Cuando me percato de que me he desviado de mis valores y prioridades primarios en la vida, me obligo a llevar un récord de a dónde se va mi tiempo. Anoto lo que hice cada minuto del día. Inténtelo, y después pregúntese si desperdició mucho tiempo en actividades de poco valor. ¿O pasó algún tiempo de manera contraproducente trabajando en contra de sus objetivos y valores? Es posible que se sorprenda al descubrir que lo que cree que importa y a lo que dedica su tiempo es completamente diferente.

Como seres humanos, somos complejos, por ello le insto a explorar sus valores de manera lógica. Quizás piense que valora la salud, pero fuma, o nunca hace ejercicios, o con frecuencia acelera cuando conduce, y no usa el cinturón de seguridad.

Es un desafío vivir conscientemente y percibir nuestra propia vida de manera objetiva. Disponemos de todo tipo de dispositivos psicológicos para sentirnos seguros y cómodos. Pero puesto que valoro la verdad, prefiero evitar ser felizmente ignorante. Supongamos que vivo en contradicción con mis valores o que me opongo a ellos de alguna manera. En ese caso, necesito preguntarme si puedo cambiar algo para vivir más plenamente de acuerdo con mis valores. Como alternativa, puedo preguntarme si quizás algo que pensé que valoraba no era tan importante para mí, después de todo.

Me gustaría brindarle un ejemplo de cómo encontrar contradicción en mis valores. Hace muchos, muchos años, estaba extremadamente impaciente con mi madre. Sabía, conscientemente, que esto era injusto y que ella no se lo merecía. Me sentí horrible por mi comportamiento y no estaba contento conmigo mismo. En ocasiones sentía que no podía controlarme. De repente me enojaba y me impacientaba, y le gritaba. La mayor parte del tiempo estaba perfectamente tranquilo y sereno, pero eso no era suficiente. Tenía estos arrebatos y después me daba cuenta de que había sido por algo trivial. No había ningún motivo para ello.

Desafortunadamente, esto se había convertido en algo habitual.

La forma en que logré cambiar ese patrón negativo fue darme cuenta de que había muchos otros valores que opacaban mi necesidad de tener razón o mi necesidad de tener cosas de inmediato. Tener razón o tener cosas ahora no significaba nada si podía deteriorar una relación o causar que mi madre se sintiera estresada o infeliz. Ella siempre ha sido una mamá maravillosa e hizo todo lo posible para criarme bien, apoyándome y animándome hasta el día de hoy.

Eventualmente me pregunté, ¿por qué sería tan desagradable con una persona que amo y que me ama? ¿Por qué siquiera consideraría comportarme de esta manera?

Ese era el problema—no lo estaba considerando. Al contrario, actuaba impulsivamente sin haber evaluado lo que estaba haciendo. Me había comportado de esta manera porque estaba dando valor a la necesidad de estar en lo correcto y tener las cosas ahora. Si alguien me contradecía o no me daba algo que quería de inmediato, entonces podía perder la paciencia, enojarme y gritar.

Más adelante, cuando conocí a mi esposa (cuando empezábamos a salir), me di cuenta de que estaba perpetuando este patrón. También la estaba tratando mal. Gritaba sin ninguna razón y nuestra relación comenzaba a sufrir antes de que realmente se iniciara. Ella me dijo: "Esto tiene que cambiar, o no estaré aquí por mucho tiempo".

Obviamente, esta fue una fuerza motivadora. De modo interesante, descubrí que no era tan difícil crecer y deshacer este horrible patrón que tenía. Todo lo que tuve que hacer fue darme cuenta de que el valor que tenía para mi relación era muchísimo más alto que el valor que tenía para mi necesidad de tener razón o tener cosas ahora. Pude volver a entrenarme y recordar que valoraba mi familia, mi relación, la paz y la integridad. Cuando pensé en esto, me di cuenta de que *realmente* nunca me importó tener razón o tener cosas de inmediato. Por el contrario, valoraba la inteligencia, la empatía, la paciencia y la justicia—cuando me percaté de esto hice cambios en mi vida.

Pero repito, no es tan difícil cambiar cuando conoce sus valores. Piense en esto. Si realmente valora algo, ¿por qué sería tan difícil vivir de acuerdo con ello? Lo que pasa es que nuestros valores tienden a confundirse, o nos olvidamos de cuáles valores son importantes para nosotros. Pero si pensamos profundamente y recordamos lo que realmente valoramos, deberíamos poder vivir de acuerdo con ellos.

Para decirlo de la manera más sencilla posible. Cuando dice que valora algo, pero no cumple esto con sus acciones, esencialmente está mintiendo. Todo lo que tenemos que hacer es dejar de mentir.

Los valores no son solamente algo que escribe en una hoja de papel y luego se olvida de ellos. Tuve que aprender a vivir según mis valores. Tuve que incorporar mis valores a mis pensamientos y acciones, todos los días. Tuve que dejar de mentir.

Espero que piense en cualquier contradicción que haya en su vida y comience a cuestionar cuáles son sus valores. Quizás también ha estado viviendo según valores que no representan su verdadero yo. Únicamente usted puede ver esto y superar sus malos hábitos para encontrar su dirección una vez más.

Un consejo final para ayudarle a identificar sus valores más auténticos, piense en cuánto puede valorar algo una vez que ya no lo tenga. En la vida, con frecuencia nos olvidamos de tener presente que las personas, las habilidades, las oportunidades o las cosas que están aquí hoy pueden desaparecer mañana. ¿Cuánto valorará algo una vez que se haya ido, se haya dañado o esté fuera de su alcance?

Por ejemplo, si de repente su sentido del oído dejara de funcionar correctamente, ¿cuánto lo valorará entonces? Hace meses, estuve expuesto a ruidos de construcción excesivos fuera de mi apartamento, día tras día durante semanas. Me di cuenta, demasiado tarde, de que debería haber usado tapones para proteger los oídos; y me dejó un zumbido en un oído. Afortunadamente, con el tiempo, mi oído ha mejorado gradualmente.

Sin embargo, esta experiencia hizo que me diera cuenta de que necesitaba ser más cuidadoso y valorar los sentidos y las habilidades que tenía. Ahora evito estar expuesto a ruidos muy fuertes para asegurarme de proteger mis oídos. Incluso llevo tapones para los oídos en caso de que me encuentre en un entorno con mucho ruido.

Repito—es cuando estamos amenazados con perder algo que llegamos a comprender su valor.

De manera alternativa, es posible que piense que valora mucho algo, pero si desapareciera de su vida, ¿realmente le afectaría? Si no, entonces tal vez no era tan valioso como pensaba. Por ejemplo, quizás valore enormemente su trabajo. Pero si lo despiden de modo repentino, es posible que sus habilidades tengan una demanda lo suficientemente alta como para encontrar rápidamente uno nuevo si fuera necesario. En unos meses, es posible que se olvide de su antiguo puesto. Siendo así puede descubrir que el valor real no estaba en ningún trabajo en particular, sino en las altas calificaciones que poseía.

¿Qué valora?

A continuación, está una lista de 100 valores que me gustaría que explorara y tomara en consideración. Tómese un minuto para leer la lista y pensar en cuáles valora más.

1. Aceptación
2. Adaptabilidad
3. Altruismo
4. Amistad
5. Amor
6. Aprendizaje
7. Armonía
8. Asombro
9. Audacia
10. Autenticidad
11. Autocontrol
12. Autoestima
13. Autoridad
14. Autosuficiencia
15. Aventura
16. Belleza
17. Bondad
18. Ciencia
19. Compasión
20. Compostura
21. Comunidad
22. Concientización
23. Confianza
24. Conocimiento
25. Consideración
26. Creatividad
27. Crecimiento
28. Curiosidad
29. Decisión
30. Dedicación
31. Desafío
32. Dignidad
33. Diversión
34. Ecologismo
35. Eficiencia
36. Elegancia
37. Empatía
38. Encanto
39. Equidad
40. Equilibrio
41. Espiritualidad
42. Ética
43. Éxito
44. Exploración
45. Familia
46. Fe
47. Felicidad
48. Fortaleza
49. Generosidad
50. Gratitud
51. Heroísmo
52. Honestidad
53. Honor
54. Humor
55. Ilusiones
56. Imaginación
57. Impacto
58. Independencia
59. Ingenio
60. Inspiración
61. Inteligencia
62. Intuición
63. Justicia
64. Lealtad
65. Libertad
66. Liderazgo
67. Logro
68. Madurez
69. Maestría
70. Naturaleza
71. Optimismo
72. Orden

73. Orientación	87. Respeto
74. Originalidad	88. Responsabilidad
75. Paciencia	89. Riqueza
76. Pasión	90. Sabiduría
77. Paz	91. Salud
78. Perdón	92. Seguridad
79. Poder	93. Sencillez
80. Popularidad	94. Sensibilidad
81. Practicidad	95. Servicio
82. Puntualidad	96. Trabajo
83. Receptividad	97. Tradicionalismo
84. Relajación	98. Valentía
85. Religión	99. Velocidad
86. Resiliencia	100. Verdad

Un tema clave que hemos discutido es que debemos conocernos nosotros mismos antes de poder encontrar nuestra verdad. Bien, más allá de conocer nuestros valores, ¿cómo podemos llegar a conocernos nosotros mismos más a fondo? Esta es una pregunta importante que consideraremos ahora.

En los capítulos siguientes discutiremos el camino para conocer su verdadero yo. Esto implica cinco elementos fundamentales: 1) recordar su yo, 2) revelar su yo, 3) recuperar su yo, 4) descubrir su yo, y 5) crear su yo.

PREGUNTAS CLAVE

(Identifique Sus Valores para Utilizarlos como Brújula
Interior que Ilumine Su Verdadero Camino)

1. ¿Cuáles son sus valores más arraigados (utilice la lista anterior como inspiración)?

2. ¿Qué es algo que ha estado valorando, en lo que ha invertido demasiado tiempo y energía, que le gustaría reducir o eliminar de su vida?

3. ¿Hay otros valores que sean importantes para usted que no están en la lista anterior? ¿Cuáles son?

4. Cuando piense en sus valores principales, considere si está contradiciendo alguno de estos valores en su vida. ¿Cómo puede ser más congruente consigo mismo?

5. ¿Qué es algo que muchas personas a su alrededor tienden a valorar, pero que usted no cree que sea tan importante?

Acción: **Usando la lista de valores proporcionada anteriormente, elabore su lista de 3 a 7 valores más importantes en su vida.** Cuando los tenga, intente clasificarlos. No importa si no está completamente seguro, haga lo mejor que pueda. Siempre es posible reflexionar y reorganizar su lista de valores más adelante.

Cuando tenga su lista en orden de clasificación, **pregúntese si representa cómo está viviendo su vida.** ¿Está poniendo su valor #1 primero en su vida, por encima de todo lo demás? ¿Está dedicando tiempo y energía a estos valores todos los días? ¿Hay cosas triviales o sin importancia a las que dedica tiempo todos los días mientras que descuida algunos de sus valores más importantes?

Si está viviendo de acuerdo con sus valores, eso es maravilloso. Pero para muchas personas es una lucha vivir de acuerdo con ellos todos los días. ¿Con qué valores está luchando? ¿Qué puede cambiar?

Esto también le ayudará a considerar por qué los valores elegidos son tan importantes para usted. ¿Por qué estos valores y no otros?

Razonamiento: Cuanto mejor conozca sus valores mejor se conocerá a sí mismo. Al conocer sus valores tomará mejores decisiones en la vida y lo hará de manera más eficiente, ya que será más probable que se mantengan fieles a sí mismo.

Consejo: Reflexione sobre algunas actividades que disfruta o a las que tiende a dedicar la mayor parte de su tiempo. También puede considerar para qué actividades le gustaría tener más tiempo. Por otro lado, piense en qué cosas le gustaría producir más o qué cosas le gustaría atraer más en su vida. Cuando las tenga en mente, considere qué valores pueden representar.

Por ejemplo, si se propone mantenerse en contacto con viejos amigos, esto significa que le otorga un gran valor a las Relaciones o a la Comunicación.

Además, no se preocupe si sus valores no aparecen en la lista anterior. Puede elegir los propios o reformularlos con sus propias palabras si lo desea.

Recuerde Su Yo

"Recuerde quién es y de dónde viene; de
lo contrario no sabrá hacia dónde va".

— Karolína Kurková

¿Cómo podemos recordar quiénes somos? La mejor forma de hacerlo es escuchando su corazón. Bueno, la clave es pensar en lo que eso significa. Esencialmente, su verdadero yo no es lo que vemos ni todo lo que le han enseñado a pensar y hacer. Existe una parte más profunda de su ser.

Creo que muchos de nosotros nos acostumbramos a ir en contra de nuestro espíritu y tenemos que *recordar* quiénes somos. Esto es más fácil dicho que hecho.

He llegado a pensar que parte de nuestra trayectoria humana es perdernos en el camino. Muchas personas bien intencionadas en nuestras vidas nos enseñan tantas cosas que, con el tiempo, podemos perder nuestra esencia, nuestro auténtico yo. Desarrollamos obsesiones—ya sea a ganar dinero, buscar fama, tener una figura perfecta; o una adicción a comprar cosas, o a los juegos. Aquí es donde el mundo nos está conduciendo, lejos de nosotros mismos.

El mundo moderno es excelente en llenar nuestras vidas con distracciones que no conducen necesariamente a un lugar verdadero y significativo.

Observe que los animales tienen impulsos poderosos que llamamos instintos. Para mí, el instinto es simplemente saber quién es. Sabe que cuando algo sucede, reacciona de cierta manera y no necesita cuestionarlo porque es un impulso profundo dentro de sí—es usted. Sin embargo, los animales comienzan a perder sus instintos cuando son colocados en zoológicos. Los animales que habían tenido un instinto para matar pueden perderlo. Pueden perder quienes son, atrapados tras las rejas. Esto se debe a que el zoológico es un entorno artificial que retiene su verdadera naturaleza salvaje.

De modo interesante, he llegado a pensar que los humanos también tenemos un lado salvaje que se ha perdido. Tiene sentido, desde luego, que la sociedad evite cualquier parte de nosotros que pueda causar estragos o violencia, especialmente sin una buena razón. Pero como todos los animales tienen un lado salvaje, y somos animales, quizás también tengamos este lado en nosotros, y sea ignorado.

Como parte de nuestra *domesticación* al convertirnos en humanos, asistimos a la escuela y obedecemos las instrucciones de un maestro o maestra. Después, más adelante, la mayoría de nosotros vamos a trabajar y obedecemos las instrucciones de nuestro jefe. Si nos ascienden a gerencia, continuamos siguiendo las instrucciones del gerente principal. Desde las primeras etapas de nuestra vida se nos enseña que debemos respetar el orden. Somos solo una pieza de rompecabezas muy pequeña en un rompecabezas mucho más grande.

Si teníamos un lado salvaje, hemos tenido la tendencia a perderlo. Pero no se trata de "si". Solo observe a los niños pequeños y note cuán salvajes y despreocupados pueden ser. Quizás sin una sociedad que les enseñara a ser humanos civilizados, se habrían convertido en adultos salvajes.

Piense en el Pasado: Si en algún momento se salió del carril en su juventud, alguien estuvo allí para corregirlo y mostrarle el error de su comportamiento. Todavía puedo recordar cuando era niño y escuchaba constantemente las palabras "una sola línea". Desde luego, en la escuela primaria, los maestros decían esto para recordarnos que camináramos en una línea recta y precisa en el camino al baño. No querían desorden.

Así aprendimos a permanecer en la línea, a ser ordenados, a seguir instrucciones; y nuestras partes salvajes fueron aniquiladas. Posiblemente algo de esto sea bueno, pero quizás no todo.

Si podemos aprender a apreciar la naturaleza salvaje del mundo, ¿por qué no deberíamos disfrutarla en nosotros mismos? ¿Por qué no deberíamos apreciar el lado salvaje de la humanidad? ¿Debemos seguir perfectamente las reglas y las instrucciones todo el tiempo? Puede explorar esas ideas a medida que descubre su verdad.

Todos los días somos guiados por ciertos caminos. Nuestros maestros nos mostraron que teníamos que seguir sus instrucciones mientras nos recordaban "permanecer en la línea". Ahora somos adultos, pero quizás no haya cambiado mucho. No respondemos a los superiores, no decimos algo que pueda hacer que alguien se sienta incómodo ni nos reímos en momentos inapropiados. Esto es lo que hacen los adultos (o no hacen).

Considere esto: ¿Niega partes de lo que es, solo para seguir el orden esperado? ¿Ese orden vale la pena? ¿O está haciendo un sacrificio personal?

Si elige negar su verdadera naturaleza todos los días, eventualmente puede descubrir que ya no sabe quién es en realidad. Es posible que durante mucho tiempo haya estado siguiendo los caminos que otros trazaron para usted. Por ejemplo, esos caminos que las personas que le rodean creyeron que eran buenos y le animaron a seguir. Tal vez todo lo que esto logrará sea introducir falsedad en su vida y alejarlo de su verdad.

Pregúntese: ¿He olvidado quién soy realmente? ¿Me he hecho pasar por alguien que no soy? ¿Soy un impostor en mi propia vida?

Nadie puede responder dichas preguntas, excepto usted. Solo usted sabe si está donde debe estar. Incluso si no está donde quería estar, la pregunta clave es si está haciendo todo lo posible para encontrar ese camino en el que debía estar.

¿Está comprometido a ser su verdadero yo? ¿Es algo por lo que está dispuesto a luchar? ¿A tomar con seriedad? ¿O perderá calmadamente la batalla y permitirá que su mente y su cuerpo sean guiados dondequiera que las fuerzas del mundo lo lleven?

Si ha olvidado quien era, ¿cómo puede recuperarse a sí mismo y recordar? Puede ponerse en contacto con amigos de la infancia o familiares que no haya visto en mucho tiempo. O podría ponerse en contacto con algunas creencias, valores o deseos perdidos que tenía hace mucho tiempo y que había dejado de lado.

¿Cuándo fue la última vez que se sintió completamente libre para ser su verdadero yo? ¿Era un niño? ¿Un adolescente? ¿Un adulto joven? ¿Fue hace décadas, hace unos años o hace meses? ¿Ocurre solo los fines de semana cuando se encuentra solo? ¿O únicamente sucede cuando está cerca de sus mejores amigos y familiares?

A veces recordar no es suficiente, y debe establecer contacto con quién era en ese último punto en el que puede recordar haber sido su verdadero yo. Tal vez haya perdido comunicación con la familia—y debe visitarlos. Quizás haya perdido contacto con un tema o actividad que le encantaba, y debe volver a hacerlo. O tal vez haya negado una parte de su personalidad para complacer a alguien, y es hora de que vuelva a ser su verdadero yo.

Recordar quién es no solo significa volver a visitar los recuerdos. Implica recuperar quién es por sí mismo. Cuando recuerde, podrá encontrar su verdadero yo dentro de sí mismo, en su mente, y sabrá cuál es el camino correcto para usted.

PREGUNTAS CLAVE

(Recuerde Su Yo)

1. ¿Solía ser una persona diferente? Si es así, ¿cambió para bien o para mal?
2. ¿Considera que fingir, mentir o exagerar es parte habitual de su vida? Si es así, ¿por qué está encubriendo quién es?
3. ¿Cuándo era niño, qué es lo que más le emocionaba? ¿Todavía siente algún placer en esto?
4. ¿Ha reprimido una parte de sí mismo que es salvaje, rebelde o espontánea para mantener la paz?
5. ¿Siente que su verdadero yo es diferente de lo que ha elegido mostrar al mundo?

ACTÚE HOY

(Recuerde Su Yo)

Acción: **Piense en la última vez que sintió que las cosas estaban saliendo bien.** Estaba feliz, era amado o se sentía realizado en la vida en general. Abrace ese sentimiento positivo que tuvo en ese momento de su vida. **Entonces pregúntese, por qué se sintió de esa manera.** ¿Fue por las personas que tenía en su vida? ¿Fue por un evento en particular que ocurrió? ¿Acababa de lograr una meta en su vida?

Si le cuesta pensar en un momento así, podría ser útil hablar con un viejo amigo o amiga para platicar sobre algunos recuerdos o ver algunas fotos del pasado.

Cuando tenga su recuerdo, reviva la experiencia en su mente. Reflexione: ¿tuvo un sentimiento positivo porque tenía mucho potencial en ese entonces? ¿Fue una época más sencilla? ¿Estaba más seguro de lo que quería?

¿Hay alguna forma de recuperar ese sentimiento? En vez de simplemente recordar una memoria, ¿puede regresar a un lugar que se conecta con su corazón? ¿O puede ponerse en contacto con personas que lo inspiraron o realizar una actividad que le encantaba, pero a la que había renunciado?

Razonamiento: El objetivo aquí es sencillamente recordar su yo. Es fácil olvidar quiénes somos y cómo llegamos al punto donde estamos ahora. A veces necesitamos dar un paso atrás y recordar cuando las cosas estaban saliendo bien y nos sentimos como nuestro verdadero yo.

Consejo: En lugar de simplemente reconectarse con una experiencia en su mente, ¿puede recrearla? ¿Puede escuchar la música que le recuerda una época y un lugar? Si algo le inspiró en el pasado, ¿puede recurrir a esa misma fuente una vez más?

Revele Su Yo

"Lo que he encontrado—y a medida
que envejezco más lo comprendo y lo
sostengo—es que toda mi vida ha sido una
exploración de decir la verdad. Da miedo
ser sincero, y asusta revelar su yo, y me atrae
mucho hacer cosas que me asustan".

— Jane Wiedlin

Ahora que ha recordado su yo, necesito que sea valiente, y debe revelar su yo.

Imagínese que está en un edificio y ocurre un terremoto, y toda esta basura de concreto le cae encima. Está débil, pero aún consciente. Debe trabajar duro para quitarse todo ese peso y escombros de encima.

Este escenario es solo una metáfora, donde el verdadero significado es que debe revelar todo este bagaje que le ha retenido de llegar a su verdadero yo.

Reflexione: ¿Ciertas ideas le han llevado por el camino equivocado? ¿Quizás ciertas creencias, personas, pensamientos, deseos o sentimientos le han llevado por mal camino? ¿Qué lo ha estado encubriendo, bloqueando de sí mismo? ¿Está preocupado o asustado de que la gente se dé cuenta de algo sobre usted? ¿Está demasiado preocupado por lo que pensarán otras personas?

¿Ha estado viviendo una mentira porque eso ayudará a hacer felices a otras personas? Quizás esta mentira les permitirá que alcancen sus metas. O hará que la gente piense en usted de cierta manera. ¿Qué importa todo esto? ¿Es razonable ayudar a otros a ser felices si todo esto lo hace infeliz? ¿Tiene sentido ayudar a otros a lograr sus metas si esto desafía las suyas? ¿De qué sirve que la gente piense en usted de cierta manera si eso no es realmente lo que cree y representa?

¿Le ayuda si su vida se ha convertido en una gran mentira? ¿Disfrazarse de algo que no es? ¿Fingir que disfruta su vida y se preocupa por lo que hace, y que quiere triunfar cuando en el fondo no le importa, está cansado y quiere escapar?

Por supuesto que no.

Debe revelar todas las mentiras, el bagaje y la falsedad en su vida para revelar quien es. Queremos arrojar luz sobre las partes preciosas de su ser que son su verdadero yo.

Imagínese si Miguel Ángel volviera a la vida y estuviera haciendo una escultura de su espíritu. ¿Qué partes podría quitar con el cincel porque no son necesarias, no son usted?

Investigue más a fondo dentro de sí mismo. ¿Qué lo está deteniendo?

¿Está permitiendo que alguien tenga poder sobre usted, que influyan tanto que tenga miedo de cómo reaccionarán, de lo que harán? ¿De qué sirve esto si solo lo aleja más y más de ser su verdadero yo?

Al final, es posible que el problema no provenga de nadie más. Puede ser usted mismo. Reflexione y piense: ¿Qué papel juega reprimiéndose?

Me pregunto: ¿está viviendo el sueño de vida de otra persona o el suyo propio?

¿Qué le impide ser su verdadero yo, vivir la vida a su manera, encontrar su camino que valga la pena explorar y vivir? ¿Cuál es la barrera que le impide ser la persona que es? ¿Existe una barrera real? ¿Está solo en su mente?

A fin de cuentas, ¿son todas simplemente excusas? ¿Está permitiendo que las barreras formen paredes a su alrededor impidiendo que su verdadero yo brille? ¿Son tan poderosas?

¿Ha entrado voluntariamente a una prisión que ha puesto cadenas a su corazón y espíritu?

¿Tiene miedo de revelar su yo? ¿Está tan acostumbrado a que le digan quién es que tiene miedo de saber quién es en realidad y de tener que asumir la responsabilidad de determinar el camino de su vida?

¿Es mejor alternativa esconderse, negar su yo y vivir la verdad de otra persona en lugar de perseguir la suya propia? ¿Es eso realmente lo mejor?

¿Qué o quién le está frenando?

¿Es una persona? ¿Una cosa? ¿Una creencia? ¿Un deseo? ¿Un hábito que hace sin siquiera pensar? ¿Es miedo o preocupación? ¿Es una circunstancia o una situación en la que se encuentra? ¿Un evento que ocurrió en el pasado del que no puede recuperarse?

Quite estas rocas de sus piernas con todas sus fuerzas y libérese.

En última instancia, es posible que descubra que usted es su mayor obstáculo. Puede que sea usted mismo quien le impide ser su verdadero yo.

Esto podría deberse a que ha desarrollado mentalidades, hábitos y creencias contraproducentes. O puede deberse a ciertas personas a las que ha dejado entrar en su vida.

Debe identificar qué lo está deteniendo para poder tener una epifanía. Este despertar puede, finalmente, ayudarle a seguir adelante y superar las barreras de su vida.

Recuerde su yo antiguo. ¿Quién solía ser? ¿Estaba más cerca de su verdadero yo? ¿O está más cerca de su verdadero yo ahora?

Puede encontrar que al recordar su yo, todo lo que hizo fue revolver viejos recuerdos. Pero lo que era entonces ya no es lo que es ahora. Tal vez en ese entonces era ingenuo, más esperanzado, más ambicioso o tenía intereses o creencias diferentes. Ahora ha cambiado, ha evolucionado y ya no es la misma persona. Está bien—ninguno de nosotros es el mismo o la misma que alguna vez fuimos.

A estas alturas es posible que haya intentado revelar su yo. Ha encontrado algunas de las cosas que le han estado frenando, pero a fin de cuentas no puede superar esos obstáculos tan fácilmente. Quizás ha trabajado para un jefe durante 15 años en una industria que no soporta. Está muy avanzado en su carrera y renunciar ahora sería irresponsable. Su familia depende de sus ingresos y no tiene un plan de respaldo. En tal caso, no hay una solución obvia. Sin embargo, siempre recuerdo que el primer paso para resolver un problema es reconocer que existe. Si no está satisfecho con la dirección de su vida, necesita explorar esta verdad y considerar sus opciones. Vale la pena luchar por su verdad, y no debería tan solo recostarse y vivir la vida más conveniente que se le pone en frente.

¿Es la vida algo que simplemente le sucederá? ¿O usted estará a la altura y permitirá que su verdad interior alumbre el camino de su vida?

En esta etapa, es posible que haya negado su verdadero yo durante tanto tiempo que se ha convertido en un mal hábito. Quizás esta sea solo su forma de vida. Es más fácil olvidarse de su verdadero yo y negarlo que trabajar en descubrirlo. Al menos, a corto plazo, se siente así. A largo plazo, estará agradecido consigo mismo por haber perseguido su verdad de todo corazón. No hay otra forma de vivir. ¿Cómo puede ser aceptable vivir una mentira? No lo es. Debemos buscar nuestra verdad.

Su verdad es su vida. Vaya por ella.

PREGUNTAS CLAVE

(Revele Su Yo)

1. ¿Siente un peso que lo sujeta, aplastando su verdadero yo? ¿Qué puede hacer al respecto?
2. ¿Dedica la mayor parte de su tiempo a la verdad de otra persona en lugar de a la suya propia? ¿Puede hacer algo para cambiar esto?
3. ¿Hay algo de sí mismo que extraña? ¿Hay alguna cualidad en particular, talento, valor o rasgo de personalidad que solía tener y que de alguna manera quedó oculto?
4. ¿Hace tanto tiempo que huye de sí mismo que no sabe cómo encontrarse? ¿Podría esto significar que debería dedicar más tiempo a fortalecer y cultivar su verdadero yo?
5. ¿Tiene miedo de revelar su verdadero yo? ¿Cree que algunas partes de su yo deberían permanecer escondidas y ocultas?

ACTÚE HOY

(Revele Su Yo)

Acción: **Hoy, piense en algo en su vida que interfiere con su capacidad para ser su verdadero yo.**

¿Qué lo está inmovilizando en el escenario del terremoto, haciéndole sentir como si no pudiera moverse y ser su yo?

¿Es un jefe que siempre le exige que haga las cosas a su manera en vez de considerar su punto de vista? ¿A menudo, alguien en su vida hace que se sienta mal sobre sí mismo? ¿Ha perdido algo de gran valor, y no hay manera de recuperarlo, y simplemente tiene que adaptarse a esta nueva realidad? Quizás se siente fracasado en algún área de su vida, lo cual afecta su autoestima o su motivación para probar algo nuevo.

Obtenga una imagen clara de la roca que hay en su vida que lo está agobiando.

Después, piense en algo que pueda hacer para remediarlo. Si otra persona está encubriendo su verdadero yo, ¿puede hablar con ella más abiertamente sobre sus preocupaciones? De no ser así, ¿puede ver menos a esta persona y concentrarse en otras relaciones positivas? Si siente que su autoestima está arruinada, ¿hay alguna forma de alcanzar ciertos logros pequeños que le ayuden a ganar confianza?

Piense en algo que pueda hacer para revelar su yo, y actúe hoy mismo.

Razonamiento: Para encontrar nuestra verdad debemos reconocer si hay algo que nos está frenando y evitando que seamos nosotros mismos. A veces estos obstáculos pueden acumularse si continuamos ignorándolos.

Consejo: Si sus problemas son lo suficientemente profundos y no puede progresar por su cuenta, puede ser útil buscar un psicólogo, terapeuta o asesor de vida que le ayude a superar sus problemas y a esforzarse por vivir más de su verdad.

Recupere Su Yo

"A todos nos han hecho daño. Todos hemos
sido lastimados. Todos hemos tenido que
aprender lecciones dolorosas. Todos nos
estamos recuperando de algún error, pérdida,
traición, abuso, injusticia o desgracia. Toda
la vida es un proceso de recuperación que
nunca termina. Cada uno de nosotros debe
encontrar formas de aceptar y superar el dolor
y levantarnos. Por cada punzada de dolor,
depresión, duda o desesperación hay un
revés hacia la renovación que llegará a usted
con el tiempo. Cada tragedia es un anuncio
de que, en efecto, algo bueno llegará con
el tiempo. Sea paciente consigo mismo".

— Bryant McGill, *Simple Reminders*

Parte de su viaje para encontrar su yo y su verdad probablemente involucrará la recuperación de partes de sí mismo. Consideremos algunas
situaciones posibles.

Quizás solía tener curiosidad y la perdió en el camino. ¿Cómo puede recuperarla? ¿Alguien le enseñó que estaba mal o incorrecto hacer preguntas, o

le castigó por su curiosidad? ¿Puede decirse a sí mismo que está bien tener curiosidad? ¿Que está bien ser uno mismo, tal como es?

Quizás solía ser amistoso con la mayoría de las personas incluso con extraños, y entonces sucedió algo. Alguien se aprovechó de su amabilidad. Lo dieron por sentado o esperaron que los pusiera a ellos primero. Tal vez en ocasiones dio demasiado y sin recibir nada a cambio. ¿Pero ser amistoso está en su naturaleza? ¿Hay alguna forma de volver a esto sin dejar que otros se aprovechen?

Otro ejemplo, ¿le gustaba ser creativo como escribir historias o a lo mejor dibujar? Entonces tuvo que crecer y concentrarse en su trabajo, su familia, y hacer las cosas que debían hacerse. Con los años, cada vez dedicó menos tiempo a expresarse de forma creativa. Después de un tiempo, empezó a temer haber perdido cualquier talento creativo que alguna vez pudiera haber tenido. Tal vez trató de ser creativo de nuevo y tuvo un bloqueo. Ya no pudo tener acceso a esa parte suya tan fácilmente. ¿Hay alguna forma de reavivar ese espíritu creativo que siempre tuvo?

Pregúntese: ¿Qué solía ser, que ya no es, que desearía ser todavía? ¿Hay alguna manera de recuperarlo?

No estoy hablando de nostalgia—no me refiero a revivir su pasado. En ocasiones puede sentir ganas de revisar fotos o recuerdos antiguos o de platicar sobre esos tiempos. Eso está bien, pero aquí estamos enfocados en recuperar algo que perdió. Piense en lo que ha perdido de su yo que le gustaría tener una vez más. Podría ser alguna cualidad suya—un interés, una característica de personalidad o un talento excepcional.

Piense en ello. Lo que sea que cree que perdió de su yo siempre ha estado ahí. No puede perder su yo, al menos no de forma permanente. Siempre está ahí incluso si está escondido dentro de su yo externo.

Quizás haya un yo más profundo, dentro de sí mismo, debajo de una cubierta exterior o caparazón si se quiere; y ese es su verdadero yo.

Una vez más, ¿qué partes de su yo se han ocultado, olvidado o hasta perdido? ¿No le gustaría encontrarlas una vez más?

Tenga en cuenta que no es necesario que exprese algún interés, deseo o cualidad antiguos de la misma manera que solía hacerlo. Quizás solía ser audaz y atrevido lo cual lo puso en circunstancias peligrosas y difíciles en su pasado. Eso no significa que ser audaz y atrevido sea algo terrible. Si estas cualidades son fieles a su yo puede buscar formas más apropiadas y positivas de experimentarlas.

Ser audaz y atrevido no quiere decir que deba meterse a las drogas y a las apuestas. Podría significar defenderse y defender a los demás que necesitan ayuda. Podría significar crear obras de arte innovadoras. Podría significar desafiar a las personas en su vida para que den lo mejor de sí. De otro modo, podría implicar permitirse ser espontáneo y cambiar de planes, sin necesidad de hacer lo que se espera en todo momento.

Cuando busque en sí mismo algo que recuperar es posible que tenga dificultades al principio. Esto se debe a que tendemos a defendernos mentalmente para protegernos de los desafíos que enfrentamos.

Pero recuerde: ¿Alguna vez alguien le enseñó que su manera de ser estaba mal? ¿Alguna vez alguien le mostró que sus tendencias naturales eran inaceptables? Este tipo de cosas se remonta a nuestra infancia. A una niña se le puede decir que no debe jugar con camiones, sino con muñecas. A un niño se le puede decir que sea fuerte, si se siente emocional. Si usted expresó interés en hacer algo y nadie le ayudó con ese interés, tal vez aprendió que sus deseos no eran muy importantes. ¿Intentó hablar sobre algo, pero a nadie le importó? ¿Hubo personas que hicieron comentarios sobre su cabello, su manera de vestir, su forma de hablar o de caminar?

Seguro que en algún momento alguien le enseñó que algo sobre usted no estaba bien y que tenía que cambiarlo. Esto puede haber provenido de uno de sus padres, un maestro, un hermano, un amigo o alguien más. Es posible que tuvieran buenas intenciones, pero tal vez estaban equivocados.

Algunas de las cosas que nos sucedieron cuando éramos niños no se aplican a nosotros como adultos, por supuesto. Si quería jugar con un juguete y alguien le dijo que era para niños más pequeños o para niños de otro género, entonces probablemente esto ya no tenga un impacto significativo en su vida. Pero estas experiencias aún pueden afectarnos a un nivel más profundo, ya que podemos aprender que no estamos bien de la manera que somos—llegando a creer que necesitamos cambiarnos por alguien más.

Cuando la gente les hace esto a los jóvenes yo lo llamo "correcciones bien intencionadas". Ya sea que tengan o no la intención, a veces lo dirigen a ser algo diferente a su yo. En algunos casos está aprendiendo a ser una mejor persona. Pero en otros casos lo que le enseñan puede ser arbitrario, crítico o incorrecto.

Como adultos, o como sociedad en general, pensamos que sabemos más. Así que guiamos a los niños para que se conviertan en esto o aquello. Pero ¿qué pasa si un niño es guiado con demasiada fuerza y esto lo aleja de convertirse en él mismo? ¿No sería una tragedia?

Quizás un niño fue criado para ser un ciudadano del mundo según lo que generalmente se esperaba. Pero ¿esto es lo mejor? ¿No deberíamos criar a ese niño o niña para que sea la mejor versión de sí mismo o de sí misma? ¿Y no implica esta mejor versión ser él o ella misma, en vez de estar programados a ser lo que la sociedad quiere que sean?

¿Hacia qué fue guiado que no era su Yo? ¿Hay alguna forma de deshacer esto, de volver a ser usted? ¿De recuperar las partes de su yo que una vez perdió?

Una forma de lograr esto es encontrar a las personas que más le permitan ser usted mismo.

Cuando pienso en la escuela secundaria, yo era muy introvertido. Me preocupaba demasiado lo que pensaran o hicieran otras personas, como a la mayoría de los estudiantes de secundaria. Pero con mi grupo de mejores amigos me sentía libre de ser yo mismo. Claro, quería agradarles, pero nos hicimos buenos amigos porque nos gustábamos y aceptábamos por lo que éramos.

Uno de mis amigos contaba chistes raros e inesperados. Estaba dispuesto a hacer que la gente se sintiera incómoda, no le importaba si alguien se podía sentir ofendido. Otro amigo planificaba actividades para hacer los fines de semana, pero se lo tomaba como algo personal si alguien hacía otros planes. Uno de mis mejores amigos era mi compañero de estudios para los exámenes, pero era tan competitivo cuando se trataba de deportes o de juegos, que jugar con él podía convertirse en un fastidio. Yo era el estudioso, y quizás a veces irritaba a mis amigos por no ser tan divertido. Pero todos éramos buenos amigos—en libertad de ser nosotros mismos unos con otros incluso cuando en ocasiones nos sentíamos confinados en otras áreas de nuestras vidas.

No estaba eligiendo mis amigos tanto como, simplemente, me atraía convertirme en amigo de las personas que me permitían ser yo mismo. Me permitieron ser mi yo más sincero—no tenía que fingir ser otra cosa con ellos.

Piense en las circunstancias que más le permiten ser usted mismo. ¿En qué entorno? ¿Es en casa, en la escuela, en el trabajo o en la naturaleza? ¿Con qué personas? ¿Es cuando está con su familia, con amigos, en la iglesia o incluso en una comunidad en línea?

En lugar de considerar solo personas, también es útil considerar actividades que sacan a relucir su verdadero yo.

¿Con qué actividades puede perderse completamente en la tarea? ¿Es cuando está leyendo, tocando un instrumento, escribiendo, observando, pensando, resolviendo problemas, dando consejos, viajando? ¿Qué es? Cuando *se pierde* por completo en algo, y esto es un patrón, significa que está *encontrando su yo* en esa actividad. Significa que está fluyendo completamente concentrado y dedicado. En lugar de ser usted, se convierte en lo que está haciendo porque lo que hace es su forma de expresión más auténtica. Algunas personas buscan ese sentimiento durante toda su vida, pero quizás usted ya lo haya encontrado en alguna tarea importante en su propia vida. Si lo ha encontrado, no lo pierda.

Conviértase en eso.

Y si ha perdido una parte importante de su yo, recuerde que siempre podrá recuperarla.

PREGUNTAS CLAVE

(Recupere Su Yo)

1. Cuando era más joven, ¿recuerda alguna "corrección bien intencionada" que alguien le dio? ¿Quizás le dirigieron a vestirse, actuar o hablar de modo diferente? ¿Cómo le afectó esto?

2. ¿Ha perdido una parte de su yo que le gustaría recuperar? ¿Se trata de su yo creativo, lector, optimista, espontáneo o amistoso? ¿Cómo puede comenzar?

3. Si perdió una parte de su yo en el camino, ¿por qué o cómo pasó esto? ¿Puede mantenerse conectado con su yo y evitar que esto vuelva a suceder?

4. ¿Está nostálgico o añorando algo o alguien? ¿Extraña quién era cuando tenía un estilo de vida distinto o una persona diferente en su vida? ¿Hay alguna manera de recuperar esto, o es una realidad que debe aceptar?

5. ¿Qué personas, grupo o lugar le ayudan a reconectarse con lo que es y recuperar su verdadero yo? ¿Con quién se siente cómodo, donde no hay necesidad de defenderse o protegerse de ninguna manera?

ACTÚE HOY

(Recupere Su Yo)

Acción: **Hoy quiero que piense en algo que le gustaría recuperar en su vida.** ¿Es la felicidad, una vieja amistad o un pasatiempo que le gustaba mucho? ¿Qué es algo que si lo recuperara significaría mucho para usted? No solo estaría participando en una tarea o en algo que solía hacer. Estaría recuperando una parte de su yo.

Si no puede recuperar esto que se perdió, tal vez pueda encontrar algo nuevo que ocupe su lugar. Y si nada puede reemplazarlo, de cualquier modo, puede ser útil encontrar algo nuevo y positivo que introducir en su vida.

Cuando tenga en mente algo que quiera recuperar, tome medidas que le ayuden a rescatar esto en su vida.

Razonamiento: Recuperar su yo a veces puede ser intimidante. Pero para lograr algún progreso, debe actuar. Tiene que apuntar a rescatar las partes de su yo que poco a poco se han ido desvaneciendo.

Consejo: Si alguna vez pasó por un periodo en el que no se sintió como usted mismo, en el que pensó que podría estar deprimido o sintió que realmente no pertenecía, ese puede haber sido el inicio de un periodo en el que perdió una parte de su yo. Pero no hay nada de qué preocuparse. Puede optar por recuperar esto en su vida.

Descubra Su Yo

"Todo el mundo tiene prisa por descifrarlo de cierta manera, y después esperan que cumpla con su definición. ¿Cómo es posible que hagan eso cuando a usted mismo le resulta difícil descubrir su yo?".

— Sushant Singh Rajput

Lo que le animo a hacer a continuación es buscar formas de descubrir su verdadero yo. Esto significa que debería traspasar los límites, aunque sea un poco, para iluminar quién es usted. Es posible que se haya definido a sí mismo de cierta manera, pero quizás esas definiciones sean falsas o demasiado limitadas. Tal vez no exploró ciertos aspectos de su yo, por lo que no sabía que existían y que también necesitaban ser nutridos.

Cuando se trata de diferentes aspectos de su yo como los intereses, sentimientos, deseos, etc., simplemente pregúntese: "¿Le di una oportunidad?". Cuando pueda, intente decir "sí" a más cosas. Si está invitado a un evento y no está convencido de que le gustará, vaya de todos modos. Visite nuevos lugares. Explore nuevos tipos de música. Cuando tenga interés en hacer algo, permítase intentarlo, aunque cueste un poco de dinero o requiera algún tiempo extra para hacerlo. Las experiencias y las relaciones que desarrolla valen más que el dinero o el tiempo invertido.

Este mundo es infinitamente rico en lo que nos permite hacer. Lo más importante es que todos y todo lo que nos rodea es una oportunidad para aprender sobre nosotros mismos de manera más profunda. Y como he mencionado, *Debemos Conocernos Nosotros Mismos Antes de Conocer Cualquier Otra Cosa.*

Comprenda que solamente puede recordar, revelar y recuperar una parte de su yo. Pero cuando descubre su yo, las oportunidades son ilimitadas. Siempre hay un nuevo lado de su yo que explorar que ni siquiera sabía que existía.

Tenga en cuenta que probablemente se equivoque si cree que sabe todo lo que hay que saber sobre sí mismo. Así como el universo es rico y complejo, y siempre hay más que explorar, esto también se aplica a su persona.

La diferencia es que con un poco de investigación podemos encontrar fácilmente 100 libros sobre prácticamente cualquier tema. Pero no hay ningún libro sobre usted. Al menos que, por supuesto, haya una biografía sobre su persona. Pero incluso si existiera una biografía suya, ¿con cuánta profundidad puede realmente explorarla? Lo más probable es que explore sus acciones o algunos aspectos diferentes de su vida. Pero en teoría, se podrían haber escrito decenas o cientos de volúmenes sobre cualquier individuo en el planeta.

Los volúmenes podrían contener autorreflexiones, visiones del mundo, creencias, lecciones aprendidas, emociones, personas que lo influenciaron, eventos y situaciones importantes, intereses, y pensamientos. Me imagino todos estos temas divididos en volúmenes separados. Sin embargo, en realidad, podría explorar su yo más a fondo mezclando todos estos temas. Por ejemplo, sus pensamientos influirán en sus emociones, lo cual afectará su comportamiento. Su educación y sus padres influyen en sus creencias y deseos. Cada aspecto de su yo influye en todas las demás partes de su ser. No están disociadas y desconectadas—sino que están integradas e interconectadas.

¿Cuántos volúmenes deberían llenarse para captar su yo?

Cuanto más explore sobre sí mismo y el mundo y se concentre en descubrir su verdadero yo, más íntegro y completo, cómodo consigo mismo e interconectado se sentirá. Se sentirá congruente, en armonía, viviendo una verdad que se manifestará en todas las áreas de su vida.

Como parte del descubrimiento de su verdad, es posible que en ocasiones realice acciones de las que se arrepienta. El arrepentimiento es una forma poderosa de encontrar la verdad porque le dice que anduvo por el camino de la falsedad, y lo insta a aprender de esto.

Después de todo, el arrepentimiento es solo un sentimiento que se origina en uno mismo. Aprenderá que *esto está mal. No vuelvas a hacer esto. Haz algo diferente la próxima vez.*

Si lo piensa, el arrepentimiento es solo señalar que cometió un error. Pero siempre me gusta decir, "no hay errores". Cada error que comete solo alumbra lo que debería hacer y le ayuda a alejarse de lo que no debería hacer. Los errores le ayudan a aprender, crecer y evolucionar.

Como una forma de encontrar su verdadero yo, puede ser perfectamente razonable hacer más, cometer más errores, y abrirse a nuevas formas de ser. Contrario a lo que puede esperar, cometer errores a propósito (evitando los catastróficos, desde luego) puede ser una forma perfectamente razonable de aprender y crecer.

Si tiene dificultades para animarse a adoptar nuevas formas de ser y ver las cosas, busque a alguien que pueda ayudarle. Puede ser alguien aventurero que le gusta viajar o siente curiosidad por pensamientos nuevos y estimulantes. O puede ser alguien que quiera ayudarle a conocerse más profundamente a sí mismo.

Recuerde el objetivo aquí. No se trata solo de hacer cosas nuevas por el simple hecho de hacerlas. El objetivo es explorar nuevas partes de sí mismo, y con suerte descubrir algo.

Tenga en cuenta que es posible que algunas personas no necesiten hacer cosas nuevas para descubrirse a sí mismas. Que no necesiten lanzarse al mundo en busca de nuevas actividades, intereses, libros y formas de ver.

En cambio, algunas personas pueden descubrir que tienen gran parte de la verdad en lo profundo de su ser, y solo necesitan explorarla más y descubrirla por sí mismos.

Comprenda que, así como el universo es profundo y complejo, su mente en sí misma también es profunda y compleja. Piense en esto. El universo es infinitamente complejo, y su mente no tiene la capacidad de captarlo todo. Sin embargo, el hecho de que de alguna manera pueda conceptualizar lo que es este universo, es una hazaña magnifica.

Su **universo mental** *o mente debe ser un sistema muy avanzado* para procesar el universo en que vivimos. Estoy convencido de que nuestro mundo interior y nuestra vida son muchísimo más ricas y complejas de lo que la mayoría de nosotros creemos. Aquellos que no lo creen puede que simplemente no hayan explorado su universo mental con la suficiente profundidad.

Como una forma de encontrar su verdad, puede optar por olvidarse del mundo y del universo por un momento y, en su lugar, decidir explorar su vida interior. Como he dicho, hay volúmenes tras volúmenes de libros que podrían escribirse sobre todos nosotros. Explore su yo interior y su verdad, y es posible que escriba algunos de esos volúmenes en formato de un diario o incluso de un libro.

¿Exactamente cómo puede explorar su universo mental? Creo que el arte para hacer esto es pasar tiempo a solas con sus pensamientos y sentimientos, y tratar de explorarlos más a fondo. No es suficiente examinarlos al azar. Debe explorarlos conscientemente buscando patrones, significado, verdad, propósito y su verdadero yo dentro de sí mismo. Tal vez esta verdad esté oculta, y debe ir a la búsqueda del tesoro.

Puede emprender un viaje de autodescubrimiento sencillamente explorando su mente. Repase situaciones en las que ha estado. ¿Cómo las manejó? ¿Qué podría haber hecho mejor? ¿Las manejó de una manera que fue fiel a sí mismo?

Siéntese solo consigo mismo y pregúntese:

- ¿Cuáles son las preguntas esenciales de mi vida que debería hacerme?
- ¿Por qué siempre estoy infeliz, ansioso, o impaciente?
- ¿Cuál fue el mayor error de mi vida?
- ¿Qué puedo hacer hoy para mejorar la forma en que me siento sobre mi vida?
- ¿Estoy atascado? ¿Por qué es eso? ¿Puedo liberarme?
- ¿Hay alguien que pueda ayudarme a encontrar mi verdad?
- ¿Existe un patrón de problemas que me sigue sin importar a dónde vaya o qué haga? ¿Por qué pasa eso?

El valor de pasar tiempo a solas es aprender a no distraerse con los ruidos de otras voces. Su siguiente paso será aprender a acallar las voces en su mente para lograr el verdadero silencio. Esto le ayudará a buscar la verdad que ya está dentro de su ser.

Para progresar en acallar su entorno y su mente, le recomiendo la meditación. No es necesario que se obligue a pensar en alguna cosa. En cambio, relájese y relaje su mente y observe los pensamientos que surgen. Imagínese que está en un baño de burbujas y las burbujas flotan y en esas burbujas están sus pensamientos. Puede verlos, explorarlos y decidir si le están ayudando o lastimando. No tiene que absorberlos e internalizarlos, necesariamente.

Por lo general, la meditación se realiza teniendo en cuenta los pensamientos, pero puede meditar de la forma que quiera. En su lugar, puede concentrarse en los sentimientos. A medida que piensa en ciertas cosas, ¿qué sentimientos surgen? ¿Qué significa eso? ¿Por qué tiene sentimientos tan fuertes acerca de ciertas personas o eventos? ¿Estos sentimientos le están ayudando o lastimando?

¿Y los deseos? ¿Si surge algún deseo de qué se trata? ¿Ha tenido algunos de estos deseos y anhelos durante toda su vida? ¿Por qué los quiere tanto? ¿Ha trabajado duro en ellos o simplemente los ha visto como un sueño que no valía la pena perseguir de todo corazón? ¿Estos deseos le han motivado a mejorarse a sí mismo? ¿O le han hecho sentir que no los merece?

¿Y las relaciones? Si piensa en algunas relaciones en su vida, ¿cómo van? ¿Qué papel está jugando usted? ¿Qué papel está jugando la otra persona? ¿Estas relaciones son lazos amorosos o positivos con base en la confianza, o son relaciones con base en la competencia o en la mala voluntad de algún tipo? ¿En qué relaciones vale la pena trabajar y en cuáles no? ¿Estas relaciones se están convirtiendo en algo valioso o se están desintegrando con el tiempo?

En la meditación, puede reflexionar sobre sus pensamientos y sentimientos. Puede observarse a sí mismo. Luego puede preguntarse: "¿Soy la persona que experimenta estos pensamientos y sentimientos, o soy la persona que los observa, y elige conscientemente el efecto que tendrán en mi vida?".

Puede meditar en cualquier cosa que desee. Puede explorar su vida desde muchos ángulos diferentes, profundizando cada vez más en quién es, por qué es como es, dónde quiere estar, y qué está haciendo para llegar allí.

Hacer preguntas es fundamental porque puede encontrar formas más profundas de explorar y descubrir algo nuevo sobre sí mismo.

Hasta este punto, ha aprendido algunas técnicas valiosas que le ayudarán a buscar su verdad. Hemos hablado de cómo puede recordar, revelar, recuperar y descubrir su yo. Ahora, todo lo que falta es crear su yo. Exploraremos esta idea en el siguiente capítulo.

PREGUNTAS CLAVE

(Descubra Su Yo)

1. ¿Evita las experiencias nuevas o las ha visto como una oportunidad para descubrir nuevas partes de su yo?
2. ¿Con qué frecuencia descubre algo nuevo sobre su yo? ¿Siente que ha sido la misma persona durante los últimos cinco años o ha cambiado algo en usted?
3. ¿Hay alguna parte de su yo que haya ignorado que valga la pena explorar? ¿Hay algo que siempre quiso hacer o probar que descuidó?
4. ¿Con qué frecuencia pasa tiempo a solas, en paz consigo mismo? ¿Le incomoda la idea de hacer esto, y por qué?
5. ¿Sus sueños le han apuntado hacia algo que tal vez quiera descubrir en su yo? A veces nuestros sueños indican algo que anhelamos, que nos hemos negado a nosotros mismos.

ACTÚE HOY

(Descubra Su Yo)

Acción: **Hoy, la próxima vez que normalmente diría "No", considere decir "Sí" esta vez.** Por ejemplo, tal vez alguien le pida un favor. O quizás alguien le invite a una gala o fiesta a la que normalmente no consideraría asistir.

Otra forma de aplicar la acción de hoy es prestando más atención a sus pensamientos. Quizás está buscando ropa en una tienda y su primer pensamiento es: "No—ese no es mi estilo". En su lugar, considere que podría gustarle esta prenda de vestir si simplemente se la probara.

Preste mucha atención cuando su mente diga "No", y tome un momento adicional para considerar si puede descubrir algo nuevo sobre su yo al decir "Sí".

Razonamiento: Cuando evitamos hacer cosas nuevas podemos volvernos demasiado cómodos y más cerrados. Con el tiempo podemos decidir que evitaremos cualquier experiencia si no esperamos disfrutarla. Pero esa mentalidad nos impide descubrir los límites de nuestro verdadero yo.

Consejo: Yo mismo solía tener dificultades para hacer cosas nuevas, así que se cómo es. A lo mejor está preocupado por lanzarse a algo nuevo. En ese caso, mi consejo es empezar poco a poco. Por ejemplo, si las reuniones grandes hacen que se sienta incómodo, haga un esfuerzo por reunirse con un grupo más pequeño. O si los entornos impredecibles hacen que se sienta incómodo, solicite información adicional antes de comprometerse con una actividad en particular. Lo importante es esforzarse. Atrévase a hacer algo nuevo, aunque normalmente no lo habría hecho.

Cree Su Yo

"Confíe en sí mismo. Cree el tipo de yo
con el que se sentirá feliz de vivir toda su
vida. Aproveche al máximo su yo avivando
las posibilidades de las diminutas chispas
internas para que sean llamas de logros".

— Golda Meir

Pregúntese: ¿Qué me falta en la vida que me gustaría tener? ¿Qué es algo que nunca he tenido de la manera que quería? ¿Y es algo en lo que tengo poder para que exista?

Para vislumbrar lo que podría ser esto, mire de qué se ha rodeado. ¿Tiene amigos extrovertidos y espontáneos mientras que usted es más introvertido y metódico, o viceversa? ¿Admira a las personas que tienen ciertas cualidades? Quizás sean seguros e ingeniosos, y usted no cree que posea estas cualidades.

Por otro lado, piense en cualquier cosa que haya envidiado. ¿Está celoso de algunas personas por lo que han podido lograr? En vez de desperdiciar su energía en celos, ¿por qué no planear ser más como ellos si eso es lo que realmente quiere?

Considere: ¿Hay algunas cualidades, capacidades o habilidades que desea, que siempre le han parecido fuera de su alcance?

Antes de ir mucho más lejos, pregúntese si esta necesidad o deseo proviene de su verdadero yo. ¿Es algo en lo que quiere convertirse porque ya es parte suya? Tenga en cuenta que algunas cualidades no son una parte natural de nosotros, pero podemos aprender, crecer y convertirnos en ellas si hacemos un esfuerzo.

Aquí, me estoy refiriendo a algo que a menudo se ignora. Estoy hablando de crear su yo y convertirse en lo que quiere ser. Si no tiene un yo con el que está feliz, orgulloso o cómodo, entonces cree esa versión de su yo.

Es probable que haya escuchado historias en las que alguien fue atemorizado o hasta golpeado cuando era niño. Por consiguiente, estas personas deciden convertirse en fisiculturistas o aprender karate. Esto es admirable—han decidido crear lo que necesitaban ser para alcanzar sus metas. No querían convertirse en un objetivo de acoso y carecer de confianza en sí mismos. En vez de ser una víctima, cambiaron el guion y se convirtieron en el héroe o la heroína de su propia historia. Este es un ejemplo clásico de cómo podemos crear nuestro yo, a pesar de nuestros errores o experiencias de vida desafortunadas.

Muchos de nosotros no entendemos que podemos hacer esto en cualquiera de nuestras dimensiones humanas. ¿No es tan inteligente como le gustaría ser? Hay un camino para llegar ahí. He escrito muchos libros que podrían ayudar con esto—por ejemplo, *Secretos Clave de los Genios.* No es fácil. Un fisiculturista entrenará todos los días, levantará pesas para trabajar diferentes grupos de músculos y seguirá una dieta para ayudar a lograr metas específicas, midiendo el progreso constantemente. ¿Por qué sería diferente el trabajo que se requiere para desarrollar su intelecto?

Soy consciente de que mucha gente argumentará que el intelecto no se puede incrementar. Para mí, el argumento no es importante. Usted puede aprender estrategias que mejorarán su pensamiento y resolución de problemas, y al hacerlo puede mejorar los resultados en su vida en una amplia gama de áreas. Si puede pensar de manera más inteligente y realizar acciones más inteligentes, entonces prácticamente hablando, usted ha incrementado sus habilidades intelectuales.

Uno de los errores más grandes que cometemos es dar por hecho que no podemos mejorar en áreas importantes de nuestras vidas.

Durante mucho tiempo tuve miedo a hablar en público. Supuse que esto no se podía solucionar, y que era un caso perdido. Cuando me aceptaron en la escuela de postgrado en 2009, me di cuenta de que hablar en público sería parte de mi vida ahí. Necesitaba aprender a manejar este miedo y superarlo. La única otra opción era huir. Y huir cruzó por mi mente. Pensé: *podría abandonar el programa incluso antes de que iniciara. Podría cambiar de carrera.* Y luego me di cuenta de lo tonto que estaba siendo. ¿Iba a desviar el plan de toda mi vida solo por un simple miedo?

Tenga en cuenta que cuando era niño, era un estudiante que temía tanto a las presentaciones que comencé a faltar a la escuela por esta razón. Era un estudiante excelente, pero mi talón de Aquiles necesitaba hablar durante unos minutos frente a una audiencia. Tenía mis rituales la noche anterior a tales asignaciones. Una vez, oré para que cayera un pie de nieve, otra vez para que la maestra olvidara llamar mi nombre para la presentación. En otra ocasión, oré por enfermarme lo suficiente como para que me excusaran de la tarea y luego me recuperara rápidamente. Me parece gracioso ahora que, incluso en mi terror total a hablar en público, no se me ocurrió la idea de rezar por superar mi miedo. De algún modo, eso parecía demasiado descabellado.

Soy la persona que por un minuto consideró renunciar al programa de postgrado incluso antes de comenzar. Al final, sí fui al programa de postgrado. Y tal como lo predije, se esperaba que hiciera presentaciones con frecuencia. Al final de mi primer año tuve la más importante. Presenté mi trabajo de investigación a más de 100 personas. Salió muy bien. Todo lo que hice fue dejar de concentrarme en el miedo y la preocupación. En cambio, redirigí mi atención a ayudar a los demás, a educarlos. Cada presentación trata sobre enseñarle algo a alguien, así que decidí enfocarme en ese objetivo. Este cambio de mentalidad me permitió superar mi miedo.

Cuando superé el miedo a hablar en público, pensé: *A lo mejor podemos mejorar en cualquier cosa. Tal vez el coeficiente intelectual pueda aumentar si trabajamos en ello. Quizás cualquier miedo pueda superarse. Si establece una meta de mejorar en algún área de su vida, eventualmente podrá lograrlo.*

Me gustaría que notara que este es un patrón que he redescubierto en mi vida muchas veces, en muchas áreas diferentes. Con frecuencia pensaba: *no puedo hacer esto. No soy lo suficientemente bueno. No sé por dónde empezar.* Después, terminaba haciéndolo. Con el tiempo, apenas me reconocería a mí mismo. Ya no era la persona que tenía miedo a hablar en público. Ya no era la persona cuya memoria no era lo suficientemente buena (como se discutió en *Memoria Práctica*) o que no estaba saludable mentalmente (como se discutió en *7 Pensamientos para Vivir Su Vida*).

Me convertí en un nuevo yo, porque me había creado de esta manera.

Este es un tema tan importante que quiero que comprenda bien este punto. Lo que sea que quiera crear en sí mismo, puede conseguirlo. Es posible que no sea fácil y que necesite ayuda, pero puede hacerlo. Pero no puede intentarlo a medias. Tiene que intentarlo con todo el corazón. Entonces las cosas tienden a encajar.

Algo que nunca le he mencionado a nadie por vergüenza, y que me gustaría compartir aquí, es que en una ocasión un psicólogo me diagnóstico un "Trastorno de la expresión escrita", una discapacidad de aprendizaje que ni siquiera sabía que existía. Me enteré de este diagnóstico cuando estaba en la escuela de postgrado, en el momento de mi vida en el que más estaba luchando por salir adelante. Ya me habían diagnosticado un trastorno de depresión mayor y distimia, pero esto era lo último que esperaba que me diagnosticaran.

Nunca me había preocupado por mi capacidad de escritura y ningún profesor me había informado de que podría tener problemas con la escritura.

Sin embargo, un psicólogo me diagnosticó esto. Luego me explicó que tendría muchas dificultades para mantenerme al día con el nivel de escritura esperado.

Y en mi trayectoria profesional los estándares de escritura eran altos. En el programa de postgrado se esperaba que escribiera y publicara artículos académicos con regularidad. Necesitaba poder autoeditar mi escritura. Si se corría la voz de que tenía este trastorno, sentí que sería el hazmerreír.

Estuve molesto durante unos días por ese asunto, y después tiré su análisis a la basura. Decidí olvidarlo, (hasta este momento).

Una etiqueta puede dictar su vida si lo permite. Desde que estaba en la escuela de postgrado, escribir ya era una de mis pasiones. Quería ser un escritor profesional incluso en esa época.

Esta experiencia me dejó una sensación horrible, pensar por siquiera un momento que tal vez no sería capaz de lograr mis metas en una carrera que requería escribir. Estaba empezando a dudar de mí mismo, razón por la cual descarté el análisis y el diagnóstico—para liberarme de su dominio.

Cuando lo tiré, sentí como si se hubiera roto un hechizo mágico. No permitiría que esta etiqueta pusiera un límite en mis habilidades.

Desafortunadamente, tendemos a ponernos límites nosotros mismos. Si tiene la suerte de haber evitado esto hasta ahora, alguien más puede tener la tentación de imponérselos. Debemos superar esa parte restrictiva de nuestra naturaleza. Debemos aprovechar nuestras habilidades ilimitadas, nuestra capacidad para crearnos a nosotros mismos como nos imaginamos o deseamos ser.

Usted puede mejorar a pasos agigantados más allá de lo que imaginaba posible. ¿Por qué quedarse corto? ¿Por qué establecer limitaciones que en realidad no existen?

Prácticamente, todo se puede entrenar o fortalecer. La pregunta es si conoce el camino para llegar allí, si tiene los recursos necesarios y la capacitación adecuada disponibles, y si tiene una voluntad lo suficientemente fuerte para lograrlo. Aquí están algunas cualidades que pueden ser entrenadas: el intelecto, la empatía, la intuición, las habilidades de comunicación, resolución de problemas, creatividad, liderazgo, habilidades informáticas, idiomas extranjeros, autodefensa, las habilidades de supervivencia, una mentalidad positiva, la capacidad de hacer amigos, la creación de redes, la escritura, la autoconciencia y la espiritualidad. Esto es solo una muestra de las posibilidades.

Para cada tema hay libros, cursos, videos, podcasts, blogs, artículos, entrenadores y terapeutas que pueden ayudarle si se toma el tiempo para consultar la información.

Crear su yo nunca ha sido tan fácil. Toda la información está ahí, pero aun así es un trabajo difícil. El hecho de que la información esté a la mano no significa que el camino sea fácil.

La pregunta fundamental es: ¿A qué vale la pena dedicar tiempo para mejorar desde mi núcleo, de adentro hacia afuera?

Explore cualquier decepción en su vida. ¿Cuáles son sus arrepentimientos? ¿Cuáles son algunas de las excusas que usa a menudo para encubrir algo que no le gusta de sí mismo? ¿Hay alguna vergüenza que haya llevado consigo, de la que tal vez esté demasiado avergonzado para siquiera hablar de ello? ¿Hay un agujero en su espíritu que le está frenando? Mire estos puntos dolorosos en su vida y arroje luz sobre ellos, al menos para que usted mismo pueda verlos con mayor claridad. Si niega quién es, será difícil progresar.

Obsérvese a sí mismo como un espécimen científico. La gente dona sus cuerpos a la ciencia. Usted debería donar su mente a una autoexploración objetiva. Esto significa que puede verse desde lejos, no como a sí mismo, sino como alguien más podría verlo. Puede examinarse a sí mismo y a su mente desde un punto lejano y verse a sí mismo por lo *que* es. Este es un espacio seguro donde no necesita esconder nada. Puede mostrar sus defectos, miedos y remordimientos secretos por lo que son porque nadie intentará usarlos en su contra o juzgarlo por ello.

Su yo objetivo y neutral está aquí en el papel de médico, terapeuta o curandero para ayudarle a mejorar nuevamente. Tal vez usted no tenga nada de malo. A lo mejor todo lo que necesita es tener una oportunidad de encontrar su verdadero yo, de vivir su vida.

Cuando explore sus defectos, miedos y remordimientos más profundos, verá que hay un camino para crear su yo de la manera que quiere ser.

Consideremos un ejemplo.

Quizás cuando entabla nuevas relaciones tiende a pensar que no será lo suficientemente bueno para la otra persona. Esta creencia le lleva a tener miedo de perderla incluso antes de comenzar la relación. Se apega demasiado a esta persona demasiado pronto, lo que la asusta y aleja. No le gusta. Quiere su espacio. La relación termina rápidamente y se siente aún peor consigo mismo. Quizás tenga un ciclo como este. Tal vez no este ciclo en particular, sino otro en el que sus defectos, miedos y remordimientos crean el mismo ciclo vicioso, una y otra vez. Piense en ellos. ¿Cuáles son los círculos viciosos de su vida?

¿Puede crear su yo para poder superar esto?

¿Puede NO estar limitado por su pasado y de alguna manera superar todo y trascender?

En el caso anterior, en lugar de fingir confianza, ¿podría profundizar más y generar confianza dentro de sí para superar los problemas constantes de su relación? ¿Su falta de confianza se debe a que no tiene tanta educación o no está tan capacitado como sus amigos? ¿Podría conseguir esa educación? O si asistir a la universidad parece estar fuera de su alcance, ¿puede al menos adquirir algunas habilidades valiosas para poder crear la vida que siempre ha querido para usted? ¿Le daría eso la confianza para no estar siempre preocupado de perder a la persona con la que acaba de empezar a salir?

Busque los patrones viciosos de su vida. ¿Cuáles son? ¿Procrastina a menudo? Esto suele ser una señal de que se está resistiendo a algo. Realmente no quiere hacer esta tarea, así que la deja para el último momento posible y luego falla horriblemente. Debido a que falla horriblemente, se convence de que no está capacitado, no es lo suficientemente inteligente y no es lo suficientemente bueno. Sin embargo, en realidad, se saboteó a sí mismo. De cualquier forma, si tiende a posponer las cosas y de todos modos logra sus objetivos, al final esta es una señal de que honestamente no quiere estar en el camino en el que se encuentra. En ese caso, ¿hay alguna cosa que pueda cambiar para guiarse de regreso a su verdad?

¿Permite que otra persona tenga poder y control sobre usted? ¿Deja que hagan lo que quieren porque es más fácil? ¿Es un ciclo vicioso en el que hace lo que le dicen y después se arrepiente de haber seguido el camino que le dijeron que siguiera? Quizás haya descuidado su verdadero yo en el camino.

¿Suele entrar en el mismo tipo de discusiones donde surge el mismo problema, una y otra vez? ¿Hay algo que le falta en lo que es como persona? ¿Puede crear lo que se necesita para llenar ese vacío y poder superar este problema?

El primer paso hacia el crecimiento siempre es tomar conciencia de la existencia de un problema. Si está feliz y satisfecho con todo en su vida no hay nada que arreglar, nada que necesite crear en su yo.

Pero este es un libro sobre la verdad, después de todo. Así que le animo a *profundizar más*. No se mienta a sí mismo solo porque es conveniente fingir que todo está bien. Si no tiene ningún problema importante, es genial. Pero si tiene problemas importantes que lo detienen debe reconocerlos, confrontarlos, y trabajar en ellos. Este es el camino que seguir.

Lo último que tiene que hacer es buscar el camino fácil. La ruta fácil no suele ser la más veraz. Profundice en su interior y busque cualquier cosa de su yo con la que no esté realmente contento.

¿Con frecuencia, trata de encubrir algo sobre sí mismo para que los demás no lo noten? ¿Qué es? ¿Por qué lo hace? ¿Toma a la ligera ciertos temas para que otros piensen que no le importa cuando sí le importa mucho? ¿Se pone una careta en público para que parezca que todo va bien, luego en casa colapsa en una depresión, en agotamiento o abrumado por la ansiedad?

Quizás valore la autosuficiencia. ¿En ocasiones trata de asumir demasiadas cosas por su cuenta? Puede negarse a pedir ayuda pase lo que pase. Esta terquedad resulta en fracasos, y entonces se siente terrible por su incapacidad de prosperar.

Mire profundamente a su yo para descubrir qué es lo que vale la pena agregar a su vida. Piénselo detenidamente, porque desarrollar cualidades y habilidades requerirá una gran dedicación. Hacer esto correctamente requerirá tiempo y esfuerzo. A veces puede tener la tentación de darse por vencido. Únicamente usted puede decidir si algo es lo suficientemente importante que valga la pena invertir en ello.

Decida quién necesita ser o quién quiere ser. Decida la persona que quiere crear en su yo, entonces hágalo de todo corazón y nunca mire atrás.

Para hacer esto con éxito debe tener un propósito más amplio en mente. Quizás si ha sido intimidado, al principio aprenderá karate para protegerse. Pero con el tiempo, es posible que también desee ayudar a proteger a su familia o a las personas que le rodean. Pregúntese si hay un propósito mayor aquí que va más allá de sí mismo. Esto le motivará a seguir adelante incluso en tiempos difíciles.

Le advierto que no cree algo en su yo solo porque está de moda y otros lo hacen. No tome la creación y el desarrollo de su yo a la ligera.

Esta será una búsqueda épica, profunda, espiritual y creativa para convertirse en quien quiere y necesita ser. No se conforme con menos.

Como nota final, en este capítulo mencioné que una vez tiré a la basura el análisis de un psicólogo. Si ha recibido un análisis o un diagnóstico de su psicólogo, *no* recomiendo que lo tire. Hable con su proveedor de atención médica o busque una segunda opinión para obtener más información sobre cualquier diagnóstico que haya recibido. Si necesita atención de salud mental y no está satisfecho con su proveedor discuta ese asunto con él. Si es necesario, considere cambiar a otro que pueda satisfacer mejor sus necesidades.

PREGUNTAS CLAVE

1. ¿Cuáles son algunas de las habilidades, destrezas o cualidades que siempre quiso desarrollar en su yo, pero nunca lo hizo? ¿Esto es simplemente porque se contó una historia de que no podía hacerlo?

2. ¿Su visión de sí mismo se centra por completo en las cosas que le sucedieron en el pasado? ¿Se dará la oportunidad de crear el yo que quiere ser?

3. ¿Alguna vez ha intentado mirarse a sí mismo objetivamente? ¿Puede verse desde la perspectiva de una persona neutral e imparcial?

4. ¿Cuál es un problema que tiene a menudo en la vida? ¿Cuál fue su papel en la creación de esto? ¿Se ha convertido en un círculo vicioso? ¿Qué necesita crear en su vida para liberarse de esto?

5. ¿A quién admira más en este mundo? ¿Qué cualidades, rasgos o hábitos específicos le gustan de esa persona? ¿Podría absorber algunos de esos y convertirse en una persona que también tenga esas cualidades?

ACTÚE HOY

(Cree Su Yo)

Acción: **Piense en el problema más profundo que le impide ser la persona que necesita, desea, y merece ser en la vida.** ¿Es miedo? ¿Es una experiencia con la que nunca pudo hacer las paces por completo? ¿Es la falta de una destreza o habilidad en particular? ¿Podría ser la falta de entendimiento de sí mismo?

Cuando tenga en mente su problema más profundo o su mayor defecto, **cree una lista de acciones** para mejorar en esa área de su vida. Luego, **seleccione una acción en la que pueda trabajar a partir de hoy y hágalo.**

Razonamiento: Para crear su yo de la manera que necesita, desea, y merece que sea, primero debe identificar un gran problema en su vida que le impide lograrlo. No es ninguna vergüenza admitir esto. He notado muchos problemas importantes en mi propia vida. A veces, las personas que me rodean también señalan estos defectos. Lo importante es que al reconocer estos problemas podrá encontrar un camino a seguir. Sin embargo, si negamos dichos problemas no será fácil progresar.

Consejo: Si tiene problemas para resolver un asunto importante en su vida, envíe un correo electrónico a algunos amigos cercanos y familiares y pregúnteles qué creen que lo está frenando. Dígales que desea su total honestidad y franqueza y que no se enojará al escuchar la verdad de parte de ellos. Puede mencionar que desea identificar problemas críticos en su vida para superarlos y crear una mejor versión de sí mismo.

Considere algunas formas sencillas pero efectivas de mejorar su vida. ¿Está comiendo y durmiendo bien? ¿Está haciendo ejercicio? ¿Está dedicando tiempo a la meditación y la atención plena? ¿Trata a las personas en su vida con amor y amabilidad? ¿Está administrando sus finanzas de manera adecuada? ¿Cuál de estos podría beneficiarle más? Trabajemos en eso.

Conozca Su Yo Profundamente

"No mire a alguien más y quiera ser como
ellos. Busque en su interior y descubra
quién es y sea alguien positivo".

— Kelly Rowland

Ya he hablado en capítulos anteriores de la importancia de conocerse a sí mismo. Sin embargo, conocerse a sí mismo es fundamental para encontrar su verdad, y me parece esencial ahondar en esto aún de manera más profunda aquí. Espero que con este capítulo pueda profundizar más en su yo.

Algo que parece que se nos escapa es que tenemos un universo dentro de nosotros. La mente en sí misma es como su propio universo único y, como he mencionado, me gusta llamar a esto el universo mental.

Para cualquier cosa en el universo, puede experimentarla y percibirla a través de muchas dimensiones. Por ejemplo, están los sentidos. Estos incluyen el gusto, el tacto, el oído, la vista y el olfato. También puede experimentar emociones—como el amor, la felicidad, el orgullo, la vergüenza y el miedo. Desde luego, a menudo creamos asociaciones entre las cosas que percibimos y sentimos. Así pues, para cualquier cosa en el universo, puede considerar cómo se relaciona con todo lo demás que conoce.

También hay muchas formas de entendimiento. Por ejemplo, ¿conoce el proceso del funcionamiento de algo? ¿Conoce su propósito? ¿Está familiarizado con las entradas y salidas de ese proceso? También está la imaginación. Puede usar cualquier cosa que experimente para generar ideas creativas.

Además, piense que para cualquier cosa que exploremos en el universo, estamos explorando una parte de nuestra mente. Cualquier cosa que experimentemos en el universo se experimenta, en última instancia, como patrones de neuronas que se activan en el cerebro. No obtenemos la experiencia directa de nada. En cambio, tenemos la experiencia de tener una experiencia. Tener experiencia directa significaría ser algo. Sin embargo, lo único que llegamos a ser es nosotros mismos.

Tenemos la experiencia directa de ser nosotros mismos.

Y tener esa experiencia significa que experimentamos el universo por medio de nosotros mismos (por ejemplo, nuestra mente, sentidos y sentimientos). Dado que somos parte del universo, nuestra experiencia humana es solo una pequeña parte del universo experimentando otra parte mucho más grande del universo.

Toda nuestra vida exploramos el universo que nos rodea. Tenemos pensamientos sobre todo lo que sucede a nuestro alrededor. Y, con frecuencia, los pensamientos que tenemos sobre nosotros mismos pueden ser simplemente nosotros absorbiendo ideas de las personas que nos rodean. Si alguien dice que somos egoístas, lo creemos. Si dicen que somos espontáneos, lo creemos. Podemos llegar a estar de acuerdo con cualquier cosa que digan.

La mayoría de nuestros sentidos y formas de conocimiento están ahí para ayudarnos a recopilar información sobre el mundo. No obstante, algunos sentidos nos ayudan a comprendernos nosotros mismos, tales como la autorreflexión y nuestro sentido de la temperatura, el equilibrio y el dolor o la tensión.

El único sentido que tenemos que realmente nos ayuda a aprender sobre nosotros mismos, en términos de nuestra verdad y quiénes somos, es la autorreflexión. Algunos de nosotros podemos tener dificultades con la autorreflexión por una variedad de razones. Puede parecer aburrido, egoísta o hasta sin sentido. Pero estos son pensamientos superficiales, y deberíamos profundizar más.

Para cada aspecto del universo, tenemos nuestro modo interno de procesarlo. Considere que el universo tiene múltiples dimensiones—largo, alto, ancho, el continuo espacio-tiempo, y quizás dimensiones aún más profundas que no podemos percibir.

También tenemos nuestras dimensiones en función de la experiencia a partir de las cuales podemos procesar el universo mismo. Como ya se dijo, están nuestros sentidos físicos, y luego están las emociones, el entendimiento y la imaginación. Más que dimensiones físicas, estas pueden ser nuestras cuatro dimensiones básicas de experiencia. Y es probable que haya muchas dimensiones más profundas de las que no somos plenamente conscientes, a partir de las cuales podemos experimentar el universo.

El objetivo de esta sección es ayudarle a tener esta realización—tan complejo y profundo como puede ser el universo entero, también lo es su mente, su experiencia interior y su verdad. Sus experiencias internas pueden ser mucho más ricas y complejas de lo que cree. Por eso me refiero a ellas como el universo mental.

Así como hay aspectos ocultos del universo que son desconocidos para usted, también hay aspectos ocultos de su mente que todavía no ha explorado.

No estoy convencido de que la mayoría de nosotros sepamos mucho sobre nosotros mismos. No exploramos nuestras mentes y verdades con mucha profundidad. Se nos enseña a estudiar el mundo, pero no a estudiarnos nosotros mismos.

Es posible que conozcamos bien unas cuantas dimensiones de nosotros mismos. Quizás conozca cuáles son sus intereses, pero ¿por qué son estos sus intereses? Para todo lo que es y lo que hace hay un POR QUÉ. ¿Por qué es así? ¿QUIÉN es su **VERDADERO YO**?

Permítame contarle sobre mi amigo Jaime.

Jaime siempre se sintió atraído por la música. Siempre le gustó la música y quiso tocar un instrumento, por lo que aprendió a tocar la trompeta desde pequeño. Era genial con la trompeta, pero ¿por qué la música era tan importante para él? Bueno, le hacía sentir bien. Desvanecía los sufrimientos de su vida y le dio algo por lo que sentirse motivado. De adulto, se convirtió en profesor de música porque quería ayudar a los estudiantes a desarrollar este sentimiento de bienestar. Quería que cualquier estudiante que estuviera luchando con algo en la vida, tuviera algo que lo motivara, para que pudiera experimentar la alegría de la música.

¿Pero por qué le importaban tanto los sentimientos de los estudiantes? Jaime se veía a sí mismo en sus estudiantes de música—en muchos casos, los chicos con los que trabajaba tenían sus propios problemas y sufrimientos, y Jaime estaba en sintonía con eso. Podía identificarse con sus desafíos diarios.

Pero ¿por qué Jaime se interesó específicamente en la música? Claro, siempre se sintió atraído por ella, pero ¿por qué? Pues bien, tenía un tío que tocaba la trompeta maravillosamente. Siempre estuvo fascinado por el espíritu del sonido que era capaz de producir.

Así que ahí lo tenemos. Quizás simplemente nos atraen ciertas verdades y formas de ser.

El universo nos está atrayendo en direcciones específicas, y podemos elegir si fluir con él, resistirlo o negarlo.

Pero hay algo sobre Jaime que no mencioné. Profundicemos en eso.

Cuando Jaime era un niño, escuchó a sus padres gritándose el uno al otro en su casa. Pasaron años gritándose, y a menudo Jaime se sintió solo y vacío. Por último, sus padres decidieron divorciarse. Pero durante todos esos gritos, Jaime practicaba la trompeta concentrándose en desarrollar su espíritu musical. Esta fue su forma de amortiguar el ruido y olvidarse de él. Con el tiempo, aprendió a desplazar el sufrimiento y las tristezas de su vida con las alegrías de la música.

Jaime tocó la trompeta antes, durante y después del divorcio de sus padres. Con el tiempo, la trompeta se convirtió en una extensión de sus sentimientos, emociones, incluso de sus dedos. Él y la trompeta estaban sincronizados.

Ahora, Jaime es una persona que sabe quién es. Él es la trompeta.

El análisis anterior es un resumen, pero fue necesario un diálogo continuo entre Jaime y yo para comprender quién era Jaime en el fondo. Tiene un talento con la trompeta y una forma de enseñar esa habilidad que nadie más parece tener. Mas no podemos comprender a Jaime en su totalidad hasta que nos demos cuenta de los orígenes de cómo terminó convirtiéndose en uno solo con la trompeta.

Ahora pregunto: ¿Quién es usted? ¿Qué es usted?

Tómese un tiempo para explorar más a fondo su universo interior de ser.

¿Qué lo hace sentir enojado, asustado, preocupado, dudoso, resentido, lastimado, confuso, agobiado o triste?

¿Qué lo hace feliz, eufórico, maravillado, le da una ráfaga de energía, le da poder y lo hace sentir satisfecho?

Explore sus pensamientos. ¿Cómo solía pensar acerca de las cosas? ¿Ha cambiado eso con el tiempo? ¿Es más positivo o negativo ahora? ¿Más seguro o dudoso? ¿Más espontáneo o metódico?

Permítase estar solo, soñar despierto, que su mente divague, pensar en lo que quiera. Tómese un tiempo para no tener que *hacer* nada, solo para *ser*.

Después, reflexione: ¿Qué es lo que espera lograr en la vida?

¿Cómo ha cambiado a lo largo de los años? ¿Es en gran parte igual o ha cambiado de alguna manera significativa?

¿Qué partes de su yo son iguales y qué partes son diferentes?

Es normal que algunas partes de su yo permanezcan igual a lo largo de los años y que otras cambien gradualmente. Incluso las partes de su yo que permanecen igual pueden volverse más refinadas o adaptarse de alguna manera.

No podemos permanecer igual, ya que respondemos constantemente a nuestro entorno. Cualquier cambio menor en su situación o entorno puede alterar cómo reacciona y responde.

Imagine profundizar cada vez más en sí mismo. Visualice un bosque interminable o incluso un universo propio creado personalmente. Imagine que este no es el universo en que vivimos, sino uno que usted mismo ha inventado. Evoque esto en su mente: Ve un árbol y se ve hermoso. Esta es su verdad. Ve una ardilla buscando comida. Esta es su verdad. Ve a alguien llorando y sabe que está triste. Todas estas son sus verdades. Sabe que estos pensamientos son precisos, pero es solo parte de su manera de experimentar el universo. Usted hizo esto.

Tiene que estar en armonía con eso. Cuando sepa que algo es verdad, manténgase en sintonía. Escuche a otras personas y su forma de ver las cosas, pero siempre tenga presente su propio estado natural. Su forma de ver y experimentar es su verdad. No lo deje a un lado. Quédese en sintonía. Recuérdelo. Vívalo.

Cuando siente la verdad en función de sus sentimientos, emociones, intuiciones, conocimientos, experiencias personales, etc., entonces esto es real. En última instancia, cuanto de más formas experimente y sepa algo, más seguro estará de que es verdad.

Su verdad es en definitiva su universo completo. Y su universo es justamente todas las dimensiones de sus experiencias sumadas. Mientras avance hacia su verdadero yo, viviendo su vida de la manera más auténtica posible, todo sobre usted es verdadero.

La falsedad en nuestras vidas es a menudo algo temporal. Para vivir en la falsedad necesitamos estar en completa negación. Desafortunadamente, somos capaces de mentirnos por un periodo bastante prolongado. Con el tiempo, vivir en las mentiras puede resultar cómodo. Es más fácil continuar con la mentira incluso si esa mentira se convierte en toda nuestra vida. Cuando todo en su vida es una mentira, usted quiere creer que es verdad. Quiere pensar que esta es su vida y que esto es real, sólido y concreto. Pero no lo es. Cuando ha construido esta mentira, es posible que descubra que está persiguiendo los sueños de los demás, asumiendo las personalidades de otras personas, haciendo lo que quieren que haga y pensando como ellos. Cuando esto sucede, hemos recorrido el camino de la falsedad y necesitamos volver a encaminarnos.

Esto es como gastar su tiempo y energía en construir un castillo de arena, uno que puede desmoronarse fácilmente con el viento, la exposición al agua o cualquier perturbación. Obviamente, esto debe evitarse.

Lo que puede hacer para encontrar su yo interior y explorar su universo interior es identificar partes de su yo y preguntarse: *¿Esto soy yo o tomé esto de otra persona? ¿Realmente pienso esto o soy solo un eco repitiendo lo que alguien más dijo?* Tiene que comenzar a preguntarse: *¿Cuál es la línea que me separa de todos y de todo lo demás?*

La realidad es que todos estamos entrelazados. Usted fue criado por sus padres, que fueron criados por los padres de ellos, y así sucesivamente. Algunos hábitos y patrones se transmiten una y otra vez.

De este modo se puede transmitir la excelencia. Por ejemplo, suponga que uno de los mejores científicos del mundo es miembro de su familia. En ese caso, es posible que este científico pueda enseñarle la excelencia—y tal vez el mismo la haya aprendido de otro científico en la familia.

Por otro lado, si tiene un padre abusivo, tal vez él también tuvo un padre abusivo, y así sucesivamente. Entonces usted puede estar predispuesto a volverse abusivo incluso si ese no es su verdadero yo.

En el capítulo anterior finalizamos con la idea de que tiene la oportunidad de *Crear Su Yo.* Aquí, deberíamos considerar que, en definitiva, usted decide quién es. Quién es va a involucrar todo lo que haya visto y experimentado. Entonces hay un YO que está apegado a todos y a todo lo que le rodea. Y también hay un YO distinto, que está separado. Para sus propósitos, lo que necesita entender es **Quién Es Su Verdadero Yo.** Parte de su **Verdadero Yo** involucrará cualidades con las que creció, pero también puede crear nuevas partes de su yo que nunca existieron antes.

Quizás todos en su familia sean médicos. El hecho de que estén interesados en la medicina y ayuden a los pacientes a mejorar no significa, necesariamente, que esa sea su vocación. Su familia puede influir en el camino de su vida, pero al final usted decide qué camino tomará.

Explorar su universo interior significará, en última instancia, examinar partes desconocidas de sí mismo. Así como los cartógrafos han trazado mapas de partes del mundo que alguna vez fueron desconocidas, usted puede examinar aspectos de sí mismo que alguna vez fueron desconocidos para usted. En lugar de aceptar que es de cierta manera o tiene ciertos hábitos o fortalezas y debilidades, puede empezar a cuestionarlos.

¿Usted tiene que ser de esa manera?

Si alguien le etiquetó de cierta manera, y se aferró a esto toda su vida—¿es usted realmente esa etiqueta? ¿O pensar que era esta etiqueta le afectó y se convirtió en ella?

Imagínese un experimento en el que todo el tiempo se le dice a un niño lo mal que se porta. Ahora, imagínese que se trata de un niño que intenta hacer lo correcto. Sin embargo, cada vez que hace algo que no es perfecto, en este experimento imaginario, todos están listos para decirle lo malo que es. Le dicen que no servirá para nada, que todo lo que hace está mal y que es pésimo para seguir las reglas.

Eventualmente, si los adultos en la vida de este niño son lo suficientemente persistentes en resaltar todos los errores que comete, creo que al crecer se convertirá en un criminal. Esto se debe a que internalizará la creencia de que es malvado, destinado a ser un completo fracaso.

Entonces, ¿la esencia de este niño es criminal? No—precisamente fue guiado en esta dirección, y luchó por liberarse de esta etiqueta. Creyó que todo lo que hacía era horrible, siempre buscando problemas, y fue absorbido por esa realidad.

Alguien más escribió la historia de su vida, y él simplemente la vivió.

¿Alguna vez ha permitido que alguien más escriba parte de su historia? ¿Alguna vez les ha otorgado ese poder?

Lo maravilloso es que incluso si lo ha hecho, no tiene por qué ser así. Puede aprender sobre sí mismo, dedicar tiempo a conocer su verdad, y recuperar su poder para vivir su vida en sus propios términos.

Si no le gusta la historia que otra persona ha escrito para su vida, entonces escriba su propia historia.

Si su vida fuera una novela y se estuviera esbozando a sí mismo como un personaje, ¿cómo lo haría? ¿Qué tipo de personaje ha sido? ¿A dónde se dirige? ¿Va su camino directo hacia el desastre? Entonces, reescriba la historia. Dé vuelta al guion y cambie las cosas—¡no es demasiado tarde para dar un giro de 180 grados o tomar un desvío en su vida!

Cuando se conoce profundamente, tiene el poder para guiarse a donde necesita ir.

PREGUNTAS CLAVE

1. ¿Depende de alguien o de algo que le muestre el camino? ¿Le está dando demasiado poder a una fuerza externa?

2. ¿Cree que hay todo un universo mental para explorar? Si es así, ¿cómo le hace sentir eso? ¿Está asustado, entusiasmado o siente alguna otra emoción?

3. ¿Puede hacer tiempo para explorar su mundo interior? ¿Para soñar despierto, escribir en un diario, meditar y pensar en su vida, en sus pensamientos, creencias y propósito?

4. ¿Aluna vez ha sido etiquetado por alguien, y sintió que estaba destinado u obligado a vivir de acuerdo con esa etiqueta? ¿Ha podido superar eso?

5. ¿Qué le pareció la historia de Jaime y la trompeta? ¿Tiene una historia como esta que lo guio a convertirse en quien es ahora?

ACTÚE HOY

(Conozca Su Yo Profundamente)

El matemático y filósofo francés Blaise Pascal dijo: "Todos los problemas de la humanidad se derivan de la incapacidad del hombre para sentarse en silencio en una habitación solo". Con frecuencia pienso en esta cita, ya que he experimentado el poder de sentarse en silencio sin esperar ni necesitar que suceda nada. Esta actividad le permitirá abrir la puerta para ver su verdadero yo.

Acción: **Vaya solo a una habitación con el menor ruido posible, sin interrupciones, y siéntese. Eso es todo.** No necesita meditar. No necesita tener un plan de acción. Simplemente siéntese ahí durante 10 minutos. Si puede lograr eso, intente 20 minutos. Si llega a este punto, continúe. Siga sentado por más y más tiempo, pasando por su proceso de autoconocimiento.

Razonamiento: Pasamos mucho tiempo aprendiendo sobre otras personas, el mundo, y el universo. Es igual de importante si no más, dedicar tiempo a conocernos nosotros mismos. Esto solamente se puede hacer mediante la autorreflexión. Tenemos las llaves de las verdades más importantes sobre nosotros mismos, por lo tanto, debemos aprender a comenzar nuestro viaje de autoconocimiento del corazón, la mente, y el alma.

Consejo: Busque una habitación tranquila en un momento tranquilo en el que sea poco probable que lo interrumpan. Si lo desea, puede buscar una habitación oscura o cerrar los ojos. Recomiendo que permanezca sentado para evitar que le de sueño. Puede reflexionar intencionalmente sobre diferentes periodos de su vida, o puede dejar que su mente divague y ver lo que pasa por su mente.

Comprenda que, si no ha dedicado tiempo para conocerse a sí mismo, es posible que se sorprenda de lo que descubra. Puede haber recuerdos o pensamientos dolorosos en su mente. O puede ser más creativo de lo que esperaba y tener muchas ideas. Quizás se sienta aburrido o insatisfecho al principio, y eso está bien. Puede llevar tiempo para llegar a sentirse cómodo sentado a solas consigo mismo. Pero bien vale la pena.

Cuando Conoce Su Yo, Sabe la Manera Correcta de Ser

"Conocer su yo como el Ser debajo del pensador, la quietud debajo del ruido mental, el amor y la alegría debajo del dolor es libertad, salvación, iluminación".

— Eckhart Tolle, *El Poder del Ahora*

Cuando no sabemos quiénes somos y cuando no conocemos nuestra verdad, dudamos, nos cuestionamos y nos falta confianza. Entonces, no saber quiénes somos se convierte en no saber qué hacer.

Existe esta sensación de estar perdido, como tener un peso sobre los hombros. Le aplasta. Le lleva a preguntarse si vale la pena hacer cualquier cosa.

Muchas personas se extraviarán fácilmente cuando no se conocen a sí mismas. En tales casos, es posible que un padre o hermano mayor nos guíe fácilmente. Podría resultar sensato hacer lo que otra persona dice cuando no estamos seguros de lo que realmente somos. Sin embargo, existe una diferencia entre aprender y crecer por medio de la ayuda de alguien versus seguir ciegamente la verdad de alguien. Cuando hemos perdido nuestro yo podemos ser susceptibles a unirnos a una secta, en los casos más extremos. Esto se debe a que estaremos hambrientos de significado, propósito e identidad, ya que nosotros mismos no tenemos estas cosas.

Cuando era estudiante universitario en Purdue University (alrededor de 2003-2007) sentí que tenía que trabajar para mantenerme. Así que en varias ocasiones me enteré de puestos que no requerían ninguna experiencia. En cada ocasión, el trabajo se describía vagamente en el anuncio, y cuando me presentaba a la entrevista quedaba sorprendido. En lugar de tratarse de una entrevista real, parecía más un argumento de ventas para convencernos a mí y a un grupo de candidatos de formar parte de su equipo. Eran vendedores y querían venderme la idea de que vender sus artículos sería bueno para mí.

Me sentí engañado, como si deliberadamente mantuvieran vaga la descripción del trabajo porque sabían que, si mencionaban que era un puesto de ventas, menos personas se habrían interesado. Soy introvertido por naturaleza, y no tanto una persona de ventas. Siempre he sido honesto, y si no puedo convencerme de que una mercancía o servicio es esencial, entonces, ¿cómo podría convencer a alguien más?

En esa época no me conocía muy bien. En estas sesiones de venta me sentí perdido. En diferentes circunstancias tal vez me habría unido solo para intentar encontrar una parte de mí mismo por medio de la posición de ventas. Sin embargo, algunas cosas que sabía acerca de mí mismo eran que era introvertido, que era más bien un pensador y que valoraba la verdad.

En una de estas sesiones sentí que me adoctrinaban para unirme a una secta. No mencionaré el nombre de la empresa, pero en este caso no tenía idea de lo que implicaría el trabajo, aun así, me presenté de todos modos. La entrevista parecía haberse realizado solo como una cuestión de procedimiento y sin ningún propósito real. Hicieron un par de preguntas básicas y luego me llevaron a una habitación donde procedieron a presentarme el trabajo de ventas. Muchos otros candidatos también estaban presentes.

En ese momento me di cuenta de que conocía el producto de esta empresa, ya que ese producto tenía algo de fama. La mayoría de la gente probablemente haya visto uno, aunque solo sea en la televisión.

Este trabajo parecía un sueño. El gerente se refirió al equipo de ventas como personas excelentes, felices, extrovertidas, que se lo pasaban en grande. Iban de excursión, jugaban baloncesto y hacían viajes a Las Vegas. Pero eso no tenía nada que ver con el trabajo en sí. Habló de personas que ganaban toneladas de dinero en su primera semana, sin ninguna experiencia. Antes de que se le ocurran algunas ideas, este trabajo de ventas era perfectamente convencional. No había aspectos ilícitos o turbios sobre la mercancía como tal.

El gerente pasó poco tiempo hablando de lo que trataba el trabajo y la mayor parte del tiempo hablando de lo maravillosa que era su vida y la vida de todas las personas de la empresa.

Estaban viviendo el gran sueño, supuestamente.

Después de que terminó la presentación, los candidatos y yo sentimos como si nos estuvieran haciendo un favor al darnos el privilegio de tener la oportunidad de trabajar con ellos.

Por un momento, mientras me tenían ahí, pensé—*¿Por qué no?* Entonces me di cuenta de que como parte del periodo de prueba querían que trabajara gratis. Le vendían este trabajo a los candidatos con tanta fuerza que esperaban que encontráramos nuevos clientes y vendiéramos sus productos. Solo nos pagarían si hacíamos una venta. Pero mientras tanto, estaríamos dando vueltas por la ciudad anunciando su empresa y sus productos.

Honestamente, en realidad no necesitaba el dinero—si lo hubiera hecho, probablemente habría aprovechado esta oportunidad para ver adónde me llevaría. Después de todo, se trataba de un artículo muy conocido. Su reputación de ser de alta calidad, y el potencial de ganar algún dinero, hicieron que la expectativa fuera tentadora.

No obstante, algo me molestó de toda mi experiencia con esta empresa. Hubo una falta de veracidad desde el principio. El anuncio del puesto era deliberadamente vago—ni siquiera mencionaba las ventas. Me pareció extraño que la entrevista durara dos minutos con preguntas triviales y que después me seleccionaran para seguir adelante. La presentación sobre el trabajo se enfocó principalmente en sus vidas increíbles, parecía más un infomercial promocionando su negocio que una presentación de trabajo.

Había falsedad en el ambiente.

Me quedé preguntándome si las entrevistas eran reales o si estaban diseñadas para parecer entrevistas formales. También era escéptico sobre si todos los demás candidatos para el puesto eran reales o si algunos fueran actores para llenar el espacio y ayudar a generar entusiasmo. Esto crearía la ilusión de que si todos los actores (o aparentemente, los otros candidatos) estuvieran entusiasmados con el puesto, yo tendría que estar loco para dejar pasar esta oportunidad.

Esta experiencia me sirvió como una lección importante. Cuando no sabemos quiénes somos, el dinero es un motivador poderoso. Cuando carece de voluntad personal o de entendimiento de su yo, ir donde le paguen más se convierte en una opción obvia. Si no hubiera ido a la Universidad de Purdue y no hubiera sido consciente de ser introvertido, pensador, y alguien que valora la verdad, y si hubiera necesitado desesperadamente el dinero, probablemente habría seguido adelante con este trabajo.

Y no hay nada de malo con ese trabajo. El objetivo de esta historia no es criticar ningún trabajo o profesión. El asunto es que cuando conoce su yo, nadie más le guiará en una dirección particular tan fácilmente. Pero cuando no se conoce a sí mismo, cualquiera puede guiarlo para que haga prácticamente cualquier cosa.

Si me hubiera conocido menos de lo que me conocía, podría estar vendiendo su mercancía en este momento en lugar de estar escribiendo este libro.

Cuando no se conoce a sí mismo es fácil para los demás decirle quién es. Querían convencerme de que era la persona correcta para este trabajo. Habían invertido los papeles. Por lo general, cuando va a una entrevista de trabajo, buscan filtrarlo y eliminarlo para contratar a la persona correcta. En cambio, en este caso, querían incluir a todos los que pudieran. Solo puedo suponer que tenían dificultades para conservar a sus trabajadores, por lo que querían evitar filtrar a alguien antes de darle la oportunidad de vender.

Ahora puedo ver que estas empresas estaban en el negocio de crear su verdad. Convencen a sus trabajadores de que su empresa es la mejor, la más divertida y gana más dinero que las demás. Todos los que trabajan allí creen que sus productos son los mejores y exactamente lo que todo cliente debería tener. Mantener esta versión de la verdad les ayuda a vender más productos, atraer vendedores más motivados y ganar más dinero.

Pero esta versión de la verdad no es lo que busco.

No busco una verdad conveniente que me ayude a ganar dinero. O una verdad conveniente que me permita sentirme bien. O una que me permita vivir en una mentira, sentirme cómodo y mantener la paz artificialmente. Prefiero perseguir lo que es completamente cierto, no unas mentiras fabricadas.

¿Cómo podemos alejarnos de las verdades convenientes y acercarnos a nuestra verdad? Un paso fundamental es que debemos dejar de preocuparnos tanto por lo que piensen los demás.

La mayoría estamos demasiado preocupados por lo que piensan las personas que nos rodean. Esto es algo que veo dondequiera que voy. Creo que a todos nos importa esto hasta cierto punto. Pero cuando nos importa demasiado y nos preocupamos mucho por lo que pensarán los demás no podemos vivir nuestra verdad. En tales casos, tendemos a vivir una versión falsa de nosotros mismos, simplemente tratando de agradar a todos los demás. En cambio, tenemos que aprender a preocuparnos menos por lo que piensen las personas que nos rodean. Por supuesto, está bien considerar las opiniones de los demás, en especial si son familiares y amigos cercanos.

Sin embargo, no debemos permitir que sus pensamientos controlen nuestras vidas.

Esto es un cliché, pero cuando descubra su verdadero yo, las personas que le rodean deberían gustar de usted por lo que es. No debería tener que vivir su vida como una mentira fingiendo ser alguien que no es para agradar. No tiene que disfrutar de todas las mismas cosas que disfrutan sus familiares y amigos. No siempre tiene que estar de acuerdo con ellos. Está bien ser su yo único y auténtico. Y si alguien no puede aceptar esto es mejor que no los tenga en su vida.

Tenga en cuenta que es posible ser sensible y consciente de las necesidades de los demás y seguir siendo uno mismo. Esto puede ser un reto. Una forma de lograrlo es ser firme sobre lo que quiere y lo que no quiere, o lo que cree que es correcto y lo que no, pero no necesita imponer esto a los demás. Del mismo modo, puede aceptar y escuchar lo que los demás tienen que decir, pero no necesita permitir que le impongan lo que quieren o creen. Ellos pueden tener su manera y usted puede tener la suya propia.

Al contrario de lo que muchos de nosotros pensamos, una persona que parece débil o incluso indecisa puede ser más fuerte de lo que aparenta. Cuando era mucho más joven, me preocupaba más lo que la gente pensara de mí, así que en público a menudo estaba de acuerdo con lo que la gente me decía. Sin embargo, solía ser bastante reflexivo. En privado, me daba cuenta de que no habían tenido en cuenta algo importante, o estaría en desacuerdo con sus puntos de vista. En público, parecía que tenía una voluntad débil y que me dejaba influir fácilmente, pero era muy obstinado cuando se trataba de mis pensamientos privados. Alguien no podría influir en mi opinión tan fácilmente.

Todavía hago esto en ocasiones si se trata de alguien que no conozco y no quiero entrar en una discusión. Pero cuando conozco bien a alguien me aseguro de expresar lo que pienso. Siempre menciono que estas son solo mis opiniones. O comento que escuché un dato en particular en alguna parte. Con frecuencia, en lugar de provenir de la posición de saber, tiendo a provenir del enfoque de cuestionar o preguntar. Soy muy consciente de que ninguno de nosotros conoce todos los hechos. Ya sé lo que pienso sobre un tema, así que bien puedo aprender lo que otra persona piensa al respecto, y cómo llegaron a sus conclusiones. El hecho de que se detenga y escuche la perspectiva de otra persona no significa que deba estar de acuerdo.

Un enfoque común que utilizo es que en vez de oponerme con vehemencia a lo que dice la gente y entrar en un debate—prefiero decir que tendré que leer sobre eso más tarde. Suponga que alguien va en una dirección que no le gusta y que cree que es falsa. En ese caso, puede decirle que no está seguro acerca de esas fuentes o que también ha escuchado información contradictoria. A veces no vale la pena entrar en un debate acalorado, y además puede optar por cambiar el tema después de cierto punto.

Tengo la tendencia a sentirme contento con estar de acuerdo con lo que quieren hacer o les gusta hacer a las personas que me rodean. No siento la necesidad de forzar que las cosas vayan en una dirección en particular. Sin embargo, cuando sé que algo entra en conflicto con lo que soy, no tengo ningún problema en trazar una línea y decir que no estoy interesado.

Por ejemplo, digamos que me encuentro con un par de amigos. Durante esa reunión, un conocido de ellos se une a nosotros y sugiere que vayan a asaltar la casa de alguien con quien tiene un problema personal. Mis amigos aceptan porque todos tienen problemas con esta persona y quieren darle una lección.

Esto no es algo en lo que tenga que pensar. Definitivamente diría que tengo que irme y me disculparía. No está en mi naturaleza causar nuevos problemas o actuar con ira hacia alguna persona y, por supuesto, no soy alguien que infringe la ley. Todo esto es contrario a lo que soy como persona, por lo tanto, no lo hago. Esta no es una zona gris para mí. Al final, es posible que me pidan que los lleve—mi respuesta seguiría siendo "No". No quiero involucrarme.

Continuando con este ejemplo, he escuchado que a veces los jóvenes vandalizarán un lugar quizás por aburrimiento o diversión. Algunos aprenden después de hacer tales fechorías que eso no es parte de su identidad.

Y, desafortunadamente, algunos pueden darse cuenta de que no tienen ningún problema para violar la ley y proceden a cometer delitos mayores.

Desde luego, no abogo por cometer ningún delito, pero todos tenemos que encontrar nuestro modo de ser. Algunas personas aprenderán a ser mejores solo después de haber cometido sus errores. Tenemos que encontrar nuestra verdad, y esto no siempre es un camino único y directo. Cuando conocemos nuestra verdad podemos vivirla, y fluye de nosotros. No tenemos que preocuparnos por tratar de resolver una nueva situación—tendemos a saber cuál es el enfoque correcto que debemos tomar. Obviamente, no existe una única manera correcta de vivir. Pero lo importante es encontrar su propia "manera correcta".

Escuche su verdad, y ella le hablará más fuerte y con más claridad. Cuando negamos nuestra verdad y nos alejamos de ella, le damos menos voz y terminamos haciendo cosas que no representan lo que somos. Eventualmente, es posible perder lo que somos si nos alejamos cada vez más de nuestra verdad.

Si no tenemos cuidado, es posible alcanzar un punto en el que seamos un extraño para nosotros mismos.

Encontrar su verdad no es tarea fácil. En ocasiones, todos podemos estar en situaciones difíciles, y es posible que no sepamos cuál es el curso de acción correcto a seguir. Por eso, es esencial *vivir nuestra verdad* por medio de nuestras *acciones diarias*. Cuando maneja las pequeñas decisiones de la vida de la manera más fiel posible a sí mismo, manejará sin contratiempos las decisiones importantes de la vida.

Comprenda que el conflicto puede usarse como una herramienta para ayudarle a encontrar su verdad. Algunas personas no quieren ningún conflicto. Yo mismo tiendo a evitarlo, pero el conflicto no siempre es destructivo. Si todo lo que hace es evitar el conflicto, la gente puede manipularlo, decirle qué hacer e ignorarlo. En algún momento tendrá que estar dispuesto a defender lo que es importante para usted. Si sus verdades importantes están siendo dejadas de lado, entonces depende de usted darlas a conocer. De ese modo, las personas que le rodean podrán comprender mejor su perspectiva.

Desde luego, el conflicto a menudo nos lleva a reacciones emocionales que también son parte de nuestra verdad. Si en algún momento se enoja, se siente triste o se pone nervioso, esta es una experiencia real por la que está pasando. Depende de usted escuchar estas emociones para que puedan guiarle hacia donde debe estar. En general, las emociones negativas nos indican que algo no anda bien. Si llora con regularidad debe preguntarse: *¿Qué pasa? ¿Qué me molesta? ¿Y cómo puedo vivir mejor mi verdad para superar esto?*

Se necesita tiempo para conocer su yo. Si es joven, tenga un poco de paciencia. Necesita tiempo para recordar, revelar, recuperar, descubrir y crear su yo. Esto no sucede de la noche a la mañana. Cuando está inseguro y comete un error y se aleja de su verdad, esta es una oportunidad para cambiar su perspectiva. Cuando se desvía de su verdad, si se percata de que esto ha ocurrido, entonces puede redirigirse hacia ella. Aunque se aleje de sí mismo, puede regresar a su verdadero yo. No hay errores, siempre y cuando los utilice para guiarse nuevamente a su verdadero yo.

Incluso a medida que pasan los años, deberíamos estar dispuestos a seguir profundizando en quienes somos y descubrir y crear nuevas versiones de nosotros mismos. A medida que envejecemos, tendemos a establecer nuestras maneras, pero no hay límites en referencia a cuánto podemos crecer, cambiar y evolucionar. En muchos sentidos, es posible que las personas mayores no sean tan diferentes de la gente joven. Cuando envejecemos, aún no sabemos todo sobre nosotros mismos y deberíamos estar dispuestos a explorarnos más a fondo.

Le daré este consejo: Los mayores deberían hacerse amigos de los jóvenes. Los hombres deberían esforzarse por comprender a las mujeres. Los extrovertidos deberían intentar conectarse con los introvertidos. Y para todos estos, las relaciones van en ambos sentidos. Encuentre a alguien que le ayude a iluminar partes de su yo que ni siquiera sabía que existían.

Al conocer a los demás se comprenderá mejor a sí mismo. Y cuando se conozca a sí mismo sabrá la manera correcta de vivir.

PREGUNTAS CLAVES

(Cuando Conoce Su Yo, Sabe la Manera Correcta de Ser)

1. ¿Alguna vez se extravió porque no se conocía lo suficientemente bien? ¿Fue esta una lección de vida valiosa y difícil que aprendió?
2. ¿Cuáles han sido las mayores pruebas de carácter, fuerza de voluntad, resistencia, intelecto o liderazgo en su vida? ¿Qué aprendió sobre su yo?
3. ¿Qué es algo que ha aprendido sobre su yo que le sorprendió? Si su respuesta es nada, esto es una señal de que podría beneficiarse de tomar algunos riesgos más.
4. ¿Cuándo fue la última vez que alguien trató de convencerlo de que lo conocía mejor que usted mismo? ¿Tenían razón o no?
5. ¿Está siendo guiado por su verdad interior y su fuerza vital, o algún motivador externo como el dinero, el estatus, el poder u otro deseo lo ha estado guiando hasta ahora?

Acción: **Pregúntese cuál es la razón principal de su existencia.** Esto puede involucrar su crecimiento personal, ayudar a alguien o cumplir con sus deberes profesionales. También podría involucrar un llamado como un objetivo religioso, la enseñanza o la crianza de los hijos. De otro modo, puede involucrar un valor general que es más importante para usted que cualquier otra cosa como la Verdad, el Amor, la Familia, o la Sabiduría.

Trate de olvidarse por un momento de lo que cualquier otra persona le ha dirigido a ser. ¿Para qué está USTED aquí? ¿Para hacer qué? Esto puede ser algo que emanará de su núcleo interno. Brillará como una luz desde adentro y no será algo que deba intentar lograr o por lo que tenga que esforzarse.

Hoy, escriba el propósito de su vida en dos o tres oraciones. Puede redactar un borrador más largo si lo desea, pero trate de que sea conciso al final. Esto lo ayudará a mantenerse concentrado. ¿Qué es lo que tiene que hacer aquí en esta vida que se le ha dado?

Razonamiento: Si no sabe su POR QUÉ, entonces es difícil conocerse a sí mismo. Todos podemos tomar medidas y trabajar para progresar en algún área de nuestras vidas, pero ¿cuál es la razón más profunda de que lo que hace o en lo que se concentra realmente importa?

Consejo: Cuando tenga la razón principal de su existencia, escríbala y reflexione sobre ella periódicamente. A medida que crece o evoluciona, está bien volver a examinar su declaración, revisarla o incluso reescribirla. Si le resulta muy difícil encontrar la razón de su existencia, tenga en cuenta que, por ahora, el objetivo de su vida puede ser resolver esto. Es posible que deba explorar más de su yo y del mundo antes de poder saber su POR QUÉ.

Cuando Sabe la Manera Correcta de Ser, Vivirá Su Verdad Todos los Días

> "Digamos la verdad a la gente. Cuando la gente pregunte, '¿Cómo estás?', atrévase a responder a veces con sinceridad. Debe saber, sin embargo, que la gente empezará a evitarlo porque también tienen rodillas que les duelen y cabezas que les duelen, y no quieren saber de los suyos. Pero piense de esta manera: si la gente lo evita, tendrá más tiempo para meditar y hacer una buena investigación sobre una cura para alguna cosa que realmente lo aflige".
>
> — Maya Angelou, *Letter to My Daughter*

Como se discutió en la sección anterior, cuando conoce su yo sabe la manera correcta de ser. Esto significa que al comprenderse a sí mismo sabrá las acciones correctas que debe realizar en su vida. No sentirá como si hay infinitas opciones y simplemente debe seleccionar algún curso de acción arbitrario. En cambio, la verdad fluirá desde su interior.

Comprenda que, en última instancia, cuando sepa cómo ser vivirá su verdad todos los días. Esta es una idea profunda. Al conocer su yo y saber cómo ser, será conducido a su verdad todos los días.

Llegará a un punto en el que en lugar de pensar demasiado en su vida y en lo que está pasando (si esto es algo que suele hacer), simplemente será. Esto quiere decir que, si alguien dice algo para molestarle, usted podrá existir en ese momento de enfado. No habrá necesidad de preguntarse cómo vengarse de esa persona, o fingir que no está molesto, o decir algo ingenioso que disipe la tensión. No habrá necesidad de pensar en esto.

Por ejemplo, qué pasaría si alguien dijera: "Vaya, parece que alguien compró sus zapatos en la tienda dólar", refiriéndose a usted.

Si se conoce a sí mismo, esto no debería molestarle. Creo que es natural, en tal caso, tomarlo con buen sentido del humor.

Puede bromear: "Sí, allí es donde hago la mayoría de mis compras, ¿cómo lo supiste?", o "estoy ahorrando para un Ferrari—todos tenemos que hacer sacrificios para hacer realidad ese sueño".

No tiene que ser astuto para ser genuino. Podría decir: "estoy ocupado con el trabajo en este momento, pero te invito a contarme todo más tarde durante el receso"; como si lo que dijo esta persona no tuviera importancia, porque en realidad así es.

Cuando conoce su verdad y las cosas por las que aboga en esta vida, estas respuestas surgirán fácilmente. Sin embargo, cuanto menos nos conocemos más difícil será encontrar una respuesta. Si no sabe quién es, puede tomar estos comentarios a nivel muy personal. A lo mejor, lo que está sucediendo es que no se conoce a sí mismo, por lo que siente mucho el peso de estos comentarios. Piensa que le han definido como alguien que tiene un estilo pésimo o que es muy pobre para comprar zapatos mejores, y eso le duele. Desafortunadamente, es posible que no tenga su propia definición de quién es usted, así que esa definición se le queda grabada y se enoja.

Entonces quiere vengarse de esta persona y lastimarla. Pero parte de la verdad de esta persona es que criticar a la gente con comentarios sarcásticos es divertido, por lo que probablemente tenga libros en casa llenos de frases ingeniosas. Al final, intentar vencerla con su propio juego no funcionará. Se sentirá cada vez peor consigo mismo. La persona que intenta molestarlo ha ganado cuando usted no se conoce a sí mismo. Esa persona acaba de resaltar que usted no se conoce a sí mismo, y le ha definido porque usted nunca decidió quién era por su cuenta.

Al saber cómo ser no tendrá que preocuparse por personas como estas que solo quieran molestarle. Las situaciones nuevas e inesperadas ya no serán problemáticas. Se conocerá lo suficientemente bien para saber cómo manejar la mayoría de las situaciones nuevas con facilidad. Podrá encontrar su verdadera y auténtica voz.

Su yo será imperturbable.

Si su verdad es el amor, responderá cariñosamente: "Vaya—debes estar teniendo un mal día si estás preocupado por mis zapatos. Que tengas un gran día de todos modos, amigo".

Si su verdad es la confianza, responderá con seguridad: "Solo uso mis zapatos buenos en ocasiones especiales como para citas con alguna chica", dicho con una sonrisa y volviendo al trabajo.

Si su verdad es la felicidad, responderá alegremente: "Supongo que estos zapatos son un poco viejos, pero estoy contento con lo que tengo".

Cuando empecé mi carrera como escritor hace muchos años, me preguntaba en qué "voz" escribiría, como si tuviera que elegir cómo quería que sonara mi voz. Ahora no me preocupo por esto. Mi voz son simplemente las palabras que fluyen naturalmente de mí como parte de mi yo auténtico. Las palabras me encuentran a mí tanto como yo las encuentro a ellas. No me preocupa hacer que mis palabras suenen más serias, entretenidas o como si vinieran de un experto. Las palabras son lo que son—lo que me importa es si estoy transmitiendo mi verdad. Confío en que mi verdad se conectará con algo más universal con lo que todos podamos relacionarnos.

Usted está recibiendo mi única, verdadera, autentica voz. Soy genuino en todas mis palabras, ya sean verbales o escritas.

Cuando se conoce a sí mismo, su verdad brilla no solo en sus palabras, sino también en sus pensamientos, acciones, hábitos, y en todos los aspectos de su ser.

Ninguno de nosotros nos conocemos completamente, por supuesto. Recuerde que tenemos una parte subconsciente a la que no tenemos acceso. Puede revelar parte de este lado oculto de sí mismo mediante la lectura de este libro, pero no está claro si podemos revelarlo todo.

Estoy bien con las partes de mí que no conozco ni entiendo completamente. Me siento bien aprendiendo, explorando y descubriendo cosas sobre la marcha, como todos tenemos que hacerlo en este viaje humano. La única forma de conocer todo sobre sí mismo sería haber tenido todas las experiencias posibles lo cual, desde luego, no es posible. Lo mejor que puede hacer es tener tipos de experiencias más variadas. Por ejemplo, puede intentar diferentes pasatiempos, libros, deportes, juegos, estilos de conversación, palabras, y visitar lugares nuevos. Otra cosa que puede ayudar es hacer diferentes tipos de amigos. Si sus amigos suelen tener el mismo nivel socioeconómico y la misma profesión, puede intentar conocer a personas que procedan de diferentes ámbitos de la vida.

Cuando se conozca a sí mismo, ganará confianza. Pero no se confíe demasiado—siempre hay más por descubrir sobre uno mismo. Al conocerse a sí mismo descubrirá que no todo el mundo tiene este lujo. Conocerá a una persona nueva y sabrá de inmediato si esta persona no se conoce a sí misma. No tengo una forma sencilla de explicar esto. Tiene que ver con el lenguaje corporal, el contacto visual y también con el tono de voz. La mayoría de nosotros tiene una idea de esto, pero no siempre podemos expresarlo con palabras.

No obstante, al conocerse a sí mismo y captar su verdad, estará en una mejor posición para ayudar a otros a avanzar hacia su verdad. Cuando descubre Su Verdad Personal libera espacio en el cerebro para prestar más atención a las personas que le rodean, y entiende por lo que están pasando.

Puede ver que un compañero de trabajo siempre parece estar disponible para tomar más trabajo, y nunca dice "No". Pero si abre su percepción se dará cuenta de que este compañero ha sobrepasado sus límites y está a punto de desmoronarse. Esta versión de la verdad de su compañero de trabajo es que, si dice "No", podría ser despedido o declarado incompetente. Es una persona insegura. Y la realidad es que la mayoría de nosotros tenemos algún nivel de inseguridad. Nadie es perfecto, por lo que es natural sentirse inseguro acerca de un área de nuestra vida en la que no nos sentimos tan realizados como nos gustaría.

Tal vez tenga su vida resuelta y haya establecido límites estrictos, y a menudo diga "No". Trabaja duro, pero no quiere que su vida se rija por el trabajo. Debido a que dice "no" a algunas solicitudes, la mayor parte de este trabajo termina en manos de su compañero que está sobrecargado. En ese caso, para entender esta verdad tendría que evaluar si debiera tomar más trabajo para hacer que las cosas sean justas. Desde luego, hay otras opciones—puede hablar con su supervisor para tratar de llegar a un acuerdo que funcione para todos. O puede ayudar a su compañero de trabajo a organizarse mejor.

Después de encontrar su verdad deberá comprender que todo lo que hace sigue afectando al mundo que le rodea. Tome en consideración que al vivir su verdad también puede estar ayudando a otros a vivir la verdad de ellos o, en ciertos casos, usted puede ser un obstáculo para la verdad de otra persona. Entonces tendrá que preguntarse si su verdad puede coexistir con la de otras personas. En algunos casos es posible, y en otros puede estar en demasiada oposición, y puede que solo haya lugar para que brille una verdad.

Tome tiempo para asegurarse de que sus verdades personales representan la verdad real. El hecho de que una perspectiva le haga sentir bien o le proporcione algún beneficio a corto plazo, o que todos los que le rodean estén de acuerdo con ella, no significa que sea precisa. La verdad es mucho más profunda. Pregúntese si simplemente está siguiendo un camino conveniente o la verdad real. He repetido este mensaje a lo largo del libro porque creo que es muy fácil de olvidar. Y debemos evitar caer en viejos patrones que nos alejen de nuestra verdad.

A veces vivir nuestra verdad no es fácil. Es fácil cuando todo va bien. Si la sociedad es una corriente de perspectivas, y su punto de vista fluye principalmente junto con el de la sociedad, entonces puede vivir su verdad cómodamente y sin mucha dificultad. Pero si la sociedad fluye en una dirección, y su verdad entra en conflicto con eso, entonces vivir su verdad puede ser un desafío mientras nada contra la corriente de la sociedad.

Si la gente no está de acuerdo con usted, debe preguntarse si lo que cree es lo suficientemente importante como para gastar su tiempo y energía tratando de convencer a los demás. ¿Necesita convencerlos? ¿Eso es importante? ¿O está bien tener su verdad que no se alinea necesariamente con lo que piensa la mayoría de la gente?

Tengo mis verdades personales y no estoy seguro de que los demás siempre estén de acuerdo conmigo. He pensado profundamente sobre esta vida y esta realidad, y estoy tratando de entender toda la verdad. No creo que lo haya logrado, pero no estoy interesado en seguir una forma específica de pensamiento. Solo estoy interesado en descubrir la forma que funcione para mí. No necesito que nadie siga lo que pienso o creo. Tampoco necesito un líder que me diga por donde ir. Sin embargo, mantengo una mentalidad abierta y busco inspiración en los líderes mientras entiendo las cosas a mi manera.

No creo que mi manera sea la manera correcta para la mayoría de las personas. Puede funcionar para algunos y no para otros. Al pasar tanto tiempo en mi mente y pensamientos corro el riesgo de considerar algunas ideas que otros ya han demostrado que están equivocadas. Pero parte de mi sistema implica cuestionar y reconsiderar para definir y refinar cuál es la verdad.

Lo que he descubierto es que la Verdad es un proceso y un viaje, no un destino.

Al final, la realidad es compleja. Hay verdad y falsedad envueltas en todo. Imagínese si le contara una historia, cualquier historia. Entonces esa historia es cierta porque es la forma en que yo la experimenté. Sin embargo, es falsa porque no toma en consideración la perspectiva de todas las demás personas que pueden haber estado involucradas en la historia. ¿Alguna vez escuchó una historia desde una perspectiva y se encontró de acuerdo con el punto de vista de esa persona? ¿Después, escuchó el lado de la historia de otra persona y eso le hizo reconsiderar todo lo que había escuchado inicialmente? A esto es a lo que me refiero. Finalmente, creo que hay algo de verdad y algo de falsedad en todo.

Nuestro objetivo al perseguir nuestra verdad es descubrir qué parte de lo que sucede en nuestra vida es verdadero o falso. Si está aprendiendo algo, ¿cuánto es cierto y cuánto es falso? ¿Y si alguien le cuenta una historia?

Y aquí está una difícil. Cuando se trata de sus preciados pensamientos, ¿cuáles son válidos y cuáles no?

Cuando averigüe esto llegará a vivir su verdad todos los días por medio de sus acciones.

Usted será la expresión viva de su verdad.

PREGUNTAS CLAVE

(Cuando Sabe la Manera Correcta de
Ser, Vivirá Su Verdad Todos los Días)

1. ¿Cuál es una verdad profunda que guía su vida? ¿Es amor, felicidad, conocimiento, disciplina, una habilidad o talento en particular? ¿Qué es lo que se expresa en cada respiración que hace?

2. ¿Ha tratado una amplia gama de actividades para conocerse a sí mismo? ¿Ha experimentado varios pasatiempos, deportes, libros, películas, lugares, amistades, etc.? ¿Necesitó esa amplia gama de experiencias para encontrar su verdad, o pudo tomar una decisión más fácilmente?

3. ¿Qué es algo importante para usted, pero no está seguro de si es completamente válido? Quizás quisiera que fuera cierto y trata de hacerlo realidad en su vida, pero en el fondo cree que puede haber algo de falsedad en la idea.

4. ¿Siente que tiene que esforzarse mucho para saber qué decir, en qué tono decirlo y tratar de manejar cómo lo ven los demás? ¿O tiene la capacidad de dejar que la verdad fluya fuera de sí mismo sin necesidad de tener que pensar en ello tan a fondo?

5. ¿Cuál es una verdad sobre la que vale la pena discutir, o tal vez hasta luchar? ¿Y cuál es una que no vale la pena?

ACTÚE HOY

(Cuando Sabe la Manera Correcta de
Ser, Vivirá Su Verdad Todos los Días)

Acción: **Hoy, intente vivir su yo auténtico por medio de todas sus acciones.** Si su verdad es la amabilidad, comprométase a ser amable en todo lo que haga. Si su verdad es dar lo mejor de sí, entonces comprométase con eso. Si su verdad es la empatía y la comprensión humana, haga un esfuerzo adicional para asegurarse de comprender profundamente a las personas que le rodean. Para cualquier verdad personal que tenga en su vida, comprométase con ella hoy, de una manera que quizás nunca lo haya hecho.

Como esto puede parecer una tarea Hercúlea, elija una Verdad y comience por ahí.

Razonamiento: A menudo, tenemos una idea en nuestra mente de que somos amables, honestos o trabajadores. Pero cuando se presenta un obstáculo, podemos rendirnos fácilmente y retroceder, dejando de lado nuestra verdad o nuestros principios. Por el contrario, tenemos que enfrentar los desafíos de nuestras vidas y comprometernos a vivir nuestra verdad con cada acción que emprendamos. Así es como alcanzamos niveles más altos de la verdad en nuestras vidas. Muchos de nosotros tendemos a mentirnos pensando que somos el tipo de persona que vive según un valor o principio particular. Sin embargo, cuando nos enfrentamos a los desafíos de la vida cotidiana, es posible que nos olvidemos y tomemos el camino fácil. En su lugar, **le reto a vivir su verdad con cada respiración, acción y paso que dé.**

Consejo: Practique ser más consciente de sus acciones y más objetivo en cómo se ve a sí mismo. Es fácil poner excusas y tomárselo con calma, pero trate de ver las cosas desde la perspectiva de otra persona. Tal vez fue amable, pero ¿podría haber hecho más? A lo mejor trató de defender a alguien, pero ¿debería haber sido más firme? O tal vez trabajó duro en alguna meta, pero al final se rindió cuando se cansó de trabajar en ella.

Muchas personas *dicen* las cosas correctas. Todos dicen cosas que parecen razonables y útiles, pero cuando examinamos las acciones diarias de una persona, a menudo no están siguiendo sus propias palabras. Es mucho más desafiante *vivir* de acuerdo con sus pensamientos y palabras que producir unas que *suenen* bien.

Encuentre Su Verdad Personal en el Universo de Todas las Verdades Posibles

"Si alguien puede mostrarme que lo que pienso o hago no está bien, con gusto cambiaré, porque busco la verdad, por la cual nunca nadie ha sido realmente perjudicado. Es la persona que continúa en su autoengaño e ignorancia quien se ve perjudicada".

— Marco Aurelio, *Meditaciones*

Veo al universo como un ser orgánico vivo. Nos guía hacia nuestra verdad todos los días. De alguna manera, los seres humanos somos simplemente obstinados y podemos andar por caminos falsos una y otra vez, a pesar de que el universo nos guía gentilmente hacia la verdad.

Para mí, el Universo y la Verdad son la misma cosa. Procesamos el mundo y el universo de muchas formas diferentes—tenemos sentidos que nos ayudan a obtener información, emociones, intuición y lógica. Podemos acudir a líderes y organizaciones respetables, o en algunos casos podemos observar la naturaleza para aprender de ella. Hay tantas formas de procesar el mundo, pero ninguna nos da toda la verdad.

Muchas personas que se llenan de ira y rabia hacen esto porque acaban de encontrar una verdad, su perspectiva, y de alguna forma han olvidado que hay otras formas de ser.

Piense en la palabra "infanticidio". Esto significa matar a un bebé. El pensamiento puede hacer que se sienta mal, y puede pensar que la idea ni siquiera debería existir. Es horrible, ¿verdad?

Tenga en cuenta que, en las sociedades de la Edad de Piedra, esto era visto como una responsabilidad para ayudar a administrar las poblaciones y asegurarse de que cada persona de una tribu fuera atendida adecuadamente. Los recursos eran limitados y se consideraba que el infanticidio era necesario para un bien mayor. En la sociedad moderna eso no es necesario. Así que creemos que esto es un error y, en esencia, se considera un asesinato. Pero tenga en cuenta que el hecho de que nos resulte difícil entender su perspectiva no nos da la razón, y a ellos no.

Lo importante aquí es que hay muchas formas diferentes de percibir el mismo hecho—y así es como algunos de nosotros podemos desarrollar verdades que entran en conflicto entre sí.

En definitiva, los valores que tenemos son asignados por *nosotros* en función de la perspectiva humana. Todo lo que es importante para nosotros se define de esta manera porque los seres humanos viven en sociedades humanas, con necesidades y deseos humanos. Esto es solo un supuesto.

Si alguien en la calle me preguntara cuál es mi trabajo, nunca respondería:

"¿Un trabajo? ¿Por qué a ustedes los seres humanos, les resulta necesario desempeñar tareas arbitrarias para ganar papeles, con fotos de presidentes fallecidos, que les permiten adquirir objetos que sirven de poco?".

En cierta forma pareciera que ese tipo de respuesta viniera de un extraterrestre, de alguien que no conecta con la realidad que vive todo ser humano. La mayoría de nosotros tiene la esperanza de no desempeñar "tareas arbitrarias", sino de buscar una manera de ayudar a otros humanos con algo que necesitan o desean. Los "papeles con fotos de presidentes fallecidos" es dinero que es muy útil tener. Y, por supuesto, a muchos de nosotros nos gustaría adquirir no solo "objetos que sirven de poco", sino con suerte, artículos que nos ayuden como ropa, vivienda y entretenimiento.

No obstante, desde la perspectiva del extraterrestre, él tiene razón al considerar que todos nuestros hábitos son tontos. Para un ser alienígena imaginario, nada de lo que hacen los humanos tiene sentido. Una forma de vida alienígena tendrá verdades diferentes a las verdades de los humanos.

Es fácil olvidar que todos trabajamos desde una perspectiva humana porque principalmente interactuamos con humanos. Solo podemos hablar con otros humanos. Otros animales conscientes no pueden discutir sus puntos de vista con nosotros. Así que tendemos a olvidarnos de ellos, o al menos a ignorarlos.

Para los humanos, la perspectiva humana es lo que importa. Elegimos lo que valoramos y decidimos cuáles son nuestras verdades.

Elegir nuestras verdades puede ser un desafío, porque las realidades potenciales que existen son prácticamente infinitas. Y nos corresponde evaluarlas, distinguir cuáles son más objetivas y precisas, y dignas de nuestro tiempo y atención. Como dice el título de este capítulo, me gustaría que encuentre su verdad en el universo de todas las verdades posibles.

Todo lo que abarca el universo es una forma de verdad. Desde la perspectiva del universo, la falsedad sería cualquier cosa que no existe dentro del universo conocido. Puede ser extraño pensar en esto, pero quédese conmigo.

Usted puede pensar, claro que hay falsedad en el universo. Pero piense en esto de otra manera. Si mi amigo Roberto me dice "7 + 2 = 11", le diré que está mal y que debería volver a calcularlo. Sin embargo, en otro sentido teórico, "7 + 2 = 11" es verdadero porque el pensamiento ha sido creado en el universo. Es cierto, en el sentido de que la idea existe en la mente de

Roberto. Una persona, en algún lugar, ha formado el pensamiento convirtiéndolo en su verdad única.

Digamos que los padres de Roberto le enseñaron que 7 + 2 = 11 cuando era niño. Todos los días Roberto fue interrogado sobre sus matemáticas, y estaba sincronizado con las matemáticas que usted y yo conocemos. Pero, por alguna razón, los padres de Roberto enfatizaron que 7 + 2 = 11. Cuando Roberto creyó en esta ecuación lo felicitaron por responder correctamente esta pregunta difícil.

Más tarde, cuando Roberto fue a la escuela, sus maestros trataron de enseñarle que, en realidad, 7 + 2 = 9. Pero Roberto era obstinado y se convenció de que tenía razón al creer que 7 + 2 = 11, aunque sus maestros y demás estudiantes parecían seguros de que esto estaba mal.

Por último, cuando Roberto creció y entró a la escuela secundaria, se dio cuenta de sus tonterías. Para aplicar las matemáticas tenía que estar de acuerdo en ciertas ideas con las personas que le rodeaban. Y un día se dio cuenta de que, en su mente, 7 + 2 = 11 estaba correcto, pero por el bien de comunicarse de manera efectiva con los demás, pensaría en "11" como un 9 en ese caso en particular. Habiendo aprendido que 7 + 2 = 11 desde temprana edad, Roberto visualizó el "11" como lo que la mayoría de nosotros llamamos 9. Lo imaginó correctamente, pero simplemente llamó al número con un nombre diferente.

En cierto modo, Roberto tenía razón todo el tiempo, 7 + 2 = 11 era correcto para él en su mundo, en su mente, según sus definiciones de los números (lo que podría cambiar dependiendo del cálculo).

Para mí, la verdad es una forma de existencia. Todo lo que sucede o se piensa es verdad, al menos desde la perspectiva de una persona en particular.

Depende de nosotros perseguir nuestra verdad interior de una manera personal y espiritual, buscando las verdades que más nos importan. Cada día el universo nos muestra todas las verdades posibles. Puedo encontrar a alguien que crea cualquier cosa si busco lo suficiente. Así que todas estas posibles maneras de ser existen en el universo. Eso no las convierte a todas en Verdades, en el sentido absoluto y universal.

Pero como nadie puede alcanzar la verdad absoluta y universal sobre cualquier cosa, lo que realmente importa en esta vida limitada es Su Verdad Personal.

¿Cómo sabe lo que es verdad para usted? La verdad tendrá sentido con todas sus capacidades sensoriales e intelectuales. Coincidirá con todas sus experiencias anteriores. Será atraído o atraída hacia su verdad como si hubiera un imán apuntándole en esa dirección.

En algún lugar, en otra parte del universo, para un ser extraterrestre todo sobre usted es falso. En su planeta no respiran oxígeno. No se comunican por medio de palabras y no comparten nuestras creencias éticas. Para su gente no existimos porque nunca nos han visto. Y para nosotros no existen porque nunca los hemos visto. Somos falsos para el otro porque nunca nos hemos experimentado el uno al otro.

La verdad es lo que está ahí.

La falsedad es lo que no está.

¿Qué quiere atraer más? ¿Qué valora o quiere valorar más? ¿Qué le importa? ¿Quién le importa? ¿Qué lo hace sentir vivo? ¿Con que tipo de personas, lugares o cosas se conecta de forma natural? Todo esto es el universo apuntándolo hacia su verdad.

Encuentre su verdad, su Tao, su camino y sígalo.

Pero nunca olvide que su verdad no se alinea con la perspectiva de todos. Si nunca se ha sentido solo, entonces esto no significa que la soledad no exista en el universo. Solo quiere decir que no existe para usted en su universo. Significa que tendrá dificultades para relacionarse con la verdad de la soledad.

¿Con qué se relaciona o no se relaciona?

¿Qué hay de las personas ricas o pobres, divertidas o serias, con discapacidad o capacitadas, emocionales o estables, racionales o irracionales, groseras o amables, intelectuales o sin educación formal, trabajadoras o perezosas, amantes de la naturaleza o amantes del hogar, amigables u hostiles, y así por el estilo?

Al final, creo que somos como espejos, buscándonos nosotros mismos en el universo. Cuando era niño, sentía como si la personificación de mí mismo en el universo era un piloto de autos de carrera. Todo lo que siempre quería hacer era conducir y echar carreras. Vivir al límite parecía ser muy divertido. Desde que no podía conducir, esto significaba que me atraían los videojuegos que implicaban conducir y competir.

Para cuando tuve suficiente edad para conducir, estaba contento de conducir un auto normal y no sentía la necesidad de echar carreras. Sabía que competir en un juego versus en la vida real no sería lo mismo.

Ahora, me gusta pensar, aprender y mejorar, y ayudar a otros a hacer lo mismo. Esta verdad se expresa por medio de mi escritura y en todo lo que hago en mi vida. Creo que he estado buscando en el universo a personas como yo. He encontrado o atraído a algunos amigos que tienen procesos de pensamiento similares a los míos. Quiero que me desafíen a pensar en nuevas direcciones. Así que, con frecuencia, conozco y atraigo amigos que sienten lo mismo y que ocasionalmente están dispuestos a estar en desacuerdo, amigablemente, siempre y cuando eso nos ayude a todos a crecer intelectual o espiritualmente.

Por supuesto, debemos recordar que el hecho de que nos rodeemos de personas que piensan de cierta manera no significa que tengamos razón y que todos los demás estén equivocados. Todo lo que significa es que hemos encontrado nuestra verdad.

Dado que hemos estado hablando del universo, creo que es útil tener en cuenta cuando hallamos encontrado una verdad universal. Las verdades universales son típicamente la Verdad real.

Las leyes del movimiento de Isaac Newton fueron tan poderosas porque expresaban verdades sobre el universo mismo. Para los propósitos de nuestra vida práctica, una verdad universal no siempre tiene que aplicarse en el 100% de los casos. Muy pocos hechos se aplicarán a ese nivel.

No podemos tener acceso a las verdades universales la mayor parte del tiempo. A lo que podemos acceder es a las verdades personales. Estas son las verdades que funcionan para nosotros. Lo que creemos que son verdades Universales a menudo son una ilusión y acaban teniendo muchas excepciones cuando las vemos más de cerca.

Este es un ejemplo de una verdad que puede parecer universal: *Nunca debes mentir.*

En realidad, no es universal porque muchas personas creen que mentir es aceptable en algunos casos. Quizás mienta para evitar lastimar los sentimientos de una persona, por ejemplo.

En su vida, ¿puede pensar en alguna verdad personal? Escribiré algunas aquí, solo como ejemplos, para darle una idea de lo que puede funcionar para usted. Quizás algunas sean ciertas para usted, y otras no.

- Debería alejarme si alguien me insulta, porque en el pasado me arrepentí de haber tenido discusiones insignificantes
- Debo concentrarme en los que amo y poner mi energía en ellos, en lugar de en las personas que no me agradan
- Mi familia siempre estará ahí para mí, pase lo que pase
- Siempre hay una forma de progresar—la esperanza nunca se pierde
- Las personas que solo pueden ver el lado negativo de las cosas solo necesitan más positividad en su vida que les ayude a cambiar su perspectiva
- Siempre debería saber por qué estoy haciendo algo, de esa manera si cometo un error puedo justificar que mis acciones parecían razonables en ese momento
- Lo que me importa es poder crear arte—pase lo que pase, siempre quiero hacer tiempo para esto en mi vida

¿Cuáles son sus verdades? Piense en todas las experiencias que haya tenido. ¿Cuáles llaman su atención? ¿Cuáles son algunos de los aspectos más destacados de su vida? ¿Cuáles son algunas de las lecciones más importantes que ha aprendido por medio de sus experiencias? ¿Qué verdades brillan como resultado de estas experiencias?

Reflexione sobre diferentes temas. ¿Cuáles son sus verdades con respecto a la familia, los amigos, el trabajo, la ética, los valores, las emociones, el amor, la salud, el éxito, la responsabilidad, la felicidad, la paz y la comprensión?

El hecho de que haya usado tanto la palabra "verdad" en este libro—ya que precisamente ese es el tema que nos ocupa, no quiere decir que tome su significado a la ligera. Una Verdad Personal es la verdad más crucial, porque esta es la verdad para usted, en su vida. Puede usarla como una luz de guía para conducirlo porque sabe que ese es el caso con cada fibra de su ser. Como dije anteriormente, usted sabe que algo es verdad de manera lógica, intuitiva, con base en la experiencia, en lo que creen la familia y los amigos, y en las lecturas.

Cuando el universo le está apuntando hacia una verdad en particular debería escucharlo. Estas verdades no tienen por qué ser las declaraciones más profundas que jamás hayan existido; son importantes, justamente, por el hecho de que son sus verdades.

La verdad puede ser poderosa, porque cuando cree en algo tiende a crear eso como su realidad. Comprenda que existe una gran responsabilidad en sus creencias y verdades. Ellas dan forma a la realidad que nos rodea.

Debido a que nuestras verdades son una gran responsabilidad, mi objetivo es mantenerme positivo en todo lo que me enfoco en mi vida. Nos desviamos por caminos equivocados cuando permitimos que nuestras verdades se llenen de negatividad—odio, terror, falta de sentido, sufrimiento, etc. La negatividad es una realidad de la vida, no debemos permitir que tales verdades nos gobiernen.

No quiero ser demasiado sombrío aquí, pero tal vez haya perdido a un ser querido en algún momento de su vida. Podría haber sido alguien muy cercano a usted. Si esto no le ha sucedido, piense cómo podría afectarlo esa experiencia.

El siguiente pensamiento puede cruzar por la mente de una persona que atraviesa este tipo de situación: "No puedo creer que esto me haya pasado a mí". No estoy seguro de poder seguir viviendo igual que antes". "Ya no estoy seguro de que la vida valga la pena".

Permitir que estos pensamientos resuenen en su mente todos los días, los convertiría en su verdad, en su realidad. Esto sería su "7 + 2 = 11". En su caso, dichos pensamientos negativos podrían convertirse en su realidad. Podrían grabarse y quedarse atascados en su mente, si se convenciera de que eran ciertos.

Cuanto más tiempo estén atascados esos pensamientos en su mente, más tiempo tendrá miedo de levantarse por la mañana, vivir su vida cotidiana, continuar con sus metas y ayudar a sus seres queridos.

Y desde luego, puede ser natural dejarse atrapar por eso durante un periodo de duelo. Pero eventualmente, debemos reevaluar esta perspectiva y reemplazarla con una verdad más positiva y útil.

Quizás pueda pensar: "Perdí a alguien muy querido, y jamás debo olvidar los momentos valiosos. Tengo que recordar el espíritu positivo de la persona que se fue y tratar de transmitirlo por medio de mi vida y mis acciones. Esta persona que ya no está físicamente aquí puede vivir por medio de mí, todos los días".

Nuestras verdades dan significado. Este significado nos da energía para actuar y nos ayuda a mantener un espíritu positivo. Pero si encuentra unas verdades que no le dan significado, que no son procesables, no son positivas y no son productivas, esas verdades no le ayudarán. Tales perspectivas están llenas de falsedad y tiene que deshacerse de ellas, sacarlas de su mente, de su vida y de su espíritu.

Cuando tiene un pensamiento, este es cierto en el sentido de que ha sucedido en el universo. Existe y, por lo tanto, tiene algo de verdad. Sin embargo, cuando tengo un pensamiento que no es útil o positivo, o productivo de alguna manera, me recuerdo a mí mismo que este pensamiento no es necesariamente cierto. No necesito darle el poder de la verdad.

Los pensamientos son solo una forma elemental de la verdad. Podemos decidir si transformamos nuestros pensamientos en acción. Si un pensamiento no le está ayudando, prepárese para abandonarlo y reemplazarlo con las verdades que le ayudarán.

Como ya ha aprendido, podemos seleccionar algunas de nuestras verdades. Estas son verdades personales. Pero no tome esto en el sentido de que puede inventar cualquier cosa que quiera creer. También deberíamos considerar la realidad y lo que sucede a nuestro alrededor.

Tome en cuenta todo esto, pero no olvide su imaginación. Piense en lo que hay en el universo, lo que existe y lo que le dicen sus sentidos. Tenga esto en mente. Pero también puede intentar imaginar una verdad aún mejor para sí mismo.

Tal vez todos en su vida están estancados y se dirigen al desastre. Y quizás traten de convencerle de que lo mismo le pasará a usted, que será un perdedor sin importar lo que haga. Esos pensamientos y palabras son como una maldición que están tratando de imponerle. Si pueden convencerlo, se convertirá en su verdad y estará destinado al desastre. A la miseria le encanta la compañía, así que tal vez solo quieran que se una a ellos.

Para estar por encima de, y ser más grande que las personas que le rodean, debería comprender que la verdad personal de los que le rodean, la idea de que está destinado al fracaso, es falsa.

Pero verla como falso no es suficiente. Es un desafío tener un pensamiento en su mente y etiquetarlo como falso. Esto equivale a pedirle que evite pensar en *elefantes rosados*. Es difícil hacerlo.

En cambio, es mejor sobrescribir esas declaraciones falsas en su vida. Sobrescribirlas con sus verdades.

Y está bien si sus verdades son incorrectas o si no son 100% precisas. Todos somos humanos.

Recuerde que hay verdad y falsedad en cada declaración. De alguna forma, mi mente fue diseñada para ver la verdad. Por eso, también veo la falsedad. Tan pronto como alguien hace una declaración, inmediatamente veo la falsedad que pueda haber en ella.

Por ejemplo, cada vez que escucho una declaración que comienza con "todos" o "nunca", de inmediato sé que estas declaraciones están fundadas solo parcialmente en los hechos. A menudo, estas palabras se utilizan para exagerar, de allí que no pueden tomarse literalmente.

Como ejemplo típico, alguien podría decir; "Nunca cumples tus promesas", probablemente con enojo. Sin embargo, la mayoría de nosotros cumplimos nuestras promesas al menos parte del tiempo, por lo que es poco probable que la declaración sea cierta.

Como otro ejemplo de ver la falsedad en declaraciones simples, mi amiga Amy a veces dice: "Me encantan las aceitunas".

La falsedad aquí es que a Amy solo le gustan las aceitunas verdes. Además, solo quiere las que son sofisticadas y caras y bien sazonadas. Y, desde luego, deberían venir sin semillas. Y solo le gusta comer una o dos porciones, para no arruinar su apetito.

Entonces dígame, ¿a Amy realmente le "encantan las aceitunas"?

Decir algo que sea 100% cierto puede ser un verdadero reto. Esto se debe a que existen limitaciones para prácticamente cualquier declaración que cualquier persona pueda hacer.

Si se lo está preguntando, me reservo la mayoría de estos pensamientos a medida que surgen durante el día. Hago lo que puedo para conservar a mis amigos, por lo que no molestaría a Amy con todas mis especulaciones sobre si realmente "le encantan las aceitunas", o no.

Ver las limitaciones de cada declaración o verdad potencial simplemente ralentiza el día. Nos hace perder la confianza—puede pensar: *¿Qué sé, si ni siquiera puedo decir "Me encantan las aceitunas" sin dudar de mí mismo?*

Eso está lejos del mensaje con el que quiero que se quede.

La duda es poderosa y útil, pero no hay razón para dudar en demasiados aspectos de la vida. Si ama algo o alguien, probablemente lo sepa con convicción y no sea útil cuestionarlo demasiado. Si tiene un gran objetivo que ha pasado años tratando de lograr y casi lo ha cumplido, no hay mucha necesidad de dudar de sus motivaciones. Solo termine lo que empezó.

Si no está seguro de algo y eso pudiera tener un impacto significativo en su vida, tal vez debería ponerlo en duda y hacer un esfuerzo por descubrir su verdad. Pero para encontrar esa verdad, tiene que ver la falsedad por todo lo que es, tratando de llevarlo por mal camino.

Solo tome en cuenta que tal vez algo de esa "falsedad" sea parte de un universo de verdades, y usted tiene que encontrar Su Verdad Personal.

PREGUNTAS CLAVE

(Encuentre Su Verdad Personal en el Universo
de Todas las Verdades Posibles)

1. ¿Hay algo que es cierto para usted, pero no parece ser cierto para la mayoría de las personas?

2. ¿Alguna vez ha sentido firmemente que su verdad interior le estaba guiado en una dirección particular, pero fue en contra de ella? ¿Cómo se sintió y qué pasó?

3. ¿Algunas verdades en su vida están actuando en su contra? Tal vez sean demasiado negativas, imprácticas o atraen demasiados problemas. ¿Qué puede hacer al respecto?

4. Si su verdad personal es en última instancia solo su perspectiva, ¿está dispuesto a reconocer y aceptar que otras personas en el mundo tendrán sus propias verdades contradictorias?

5. ¿Hay algunas verdades que son tan poderosas para usted que está convencido de que deben ser universalmente verdaderas para todos los seres humanos o para todo el universo?

ACTÚE HOY

(Encuentre Su Verdad Personal en el Universo
de Todas las Verdades Posibles)

Acción: **Hoy, busque un objeto que represente lo que solía ser su verdad. Luego busque uno que represente su verdad actual. Y también, busque uno que represente su verdad futura.** Pueden ser objetos que posee actualmente o que ha visto recientemente en algún lugar.

No es necesario que tenga estos objetos en su poder, pero necesita tenerlos en mente. ¿Dónde solía estar su verdad? ¿Dónde está ahora? ¿Hacia dónde se dirige en el futuro? Tener en cuenta diferentes objetos puede ayudarle a percibir cualquier cambio con mayor claridad.

Otra forma de pensar en esto es enfocarse en sus valores, prioridades o personas importantes. Después, piense en lo que eran hace cinco años, lo que son hoy y lo que piensa que serán en cinco años más. ¿Puede visualizar estas transformaciones en su vida con mayor claridad cuando se concentra en algo tangible?

Razonamiento: El universo es vasto en todas las verdades que contiene, así que puede ser útil pensar en la Verdad de su vida como un camino. Cuando se vea a sí mismo no como un ser estático, sino como un ser dinámico que puede crecer y evolucionar, estará en una mejor posición para captar su verdad.

Consejo: Si necesita más ideas de objetos, puede buscar en línea en sitios que contienen muchas imágenes u objetos. Considere las imágenes de Google, por ejemplo. De otro modo, simplemente puede observar y prestar atención a todas las cosas que le rodean en un día normal. Quizás alguna de esas cosas lo inspire. No se limite a pensar en pequeño. La Estatua de la Libertad es un objeto. Y para nuestros propósitos también lo es el mar, y también el sol.

Explore la Falsedad en Su Interior y Más Allá de Sí Mismo para Deshacerse de Ella

"Siempre es la falsedad lo que hace sufrir,
los falsos deseos y miedos, los falsos valores e
ideas, las falsas relaciones entre las personas.
Abandone la falsedad y estará libre de sufrimiento;
la verdad hace feliz, la verdad libera".

— Sri Nisargadatta Maharaj

Primero, ¿qué es la falsedad? Usted ha llegado hasta aquí en un libro sobre cómo encontrar La Verdad Personal. Pero ahora, tenemos que preguntarnos qué es la no-verdad. ¿Qué es la falsedad?

La falsedad es simplemente cualquier cosa que lo aleje de sí mismo. Es cualquier cosa que lo hace menos. Si no se sincroniza con sus emociones, sentimientos, intuición, lógica, educación y perspectiva personal, potencialmente puede introducir la falsedad en su vida.

No podemos decidir de inmediato que solo porque algo sea nuevo y diferente de lo que estamos acostumbrados, debe ser falso. Pero deberíamos intentar comprender cada parte de nosotros mismos. Cuando nos conocemos completamente, entonces lo que es verdadero y lo que es falso para nosotros quedará claro.

La verdad es como se supone que deben de ser las cosas, al menos para usted en su vida. La falsedad es todo lo demás. Cuando Conozca Su Yo Profundamente, desarrollará un sentido inmediato, un flujo para lo que es verdadero para usted y lo que no lo es.

Soy hipersensible al engaño, por lo que es natural que avance hacia mi verdad cada día. Cuando detecto algún tipo de engaño en alguien, esto me demuestra que aquí hay un camino que lleva a la falsedad. Cada vez que he ignorado una señal de engaño y decidí seguir adelante con el desarrollo de una amistad o de un trato de negocios, terminé arrepintiéndome. Un acto que contradice la verdad tiende a conducir a otro, y a otro.

Por ejemplo, algunas personas pueden exagerar sus capacidades. Otras pueden intentar convencerle demasiado de alguna cosa, incluso pueden estar dispuestas a mentirle para tratar de que actúe de cierta manera o compre algo. A veces, en su presencia, la gente fingirá que les agrada y después difundirán rumores o hablarán de usted a sus espaldas. Cuando veo un engaño descarado, tengo presente que este es un camino que me alejará de la verdad.

Supongamos que me relaciono con una persona que es muy mentirosa. En ese caso, me encontraré fingiendo que me agrada esta persona que está fingiendo que le agrado, y habré entrado en un pacto de falsedad. O supongamos que compró un artículo en el que el vendedor hace afirmaciones exageradas. En ese caso, estaré apoyando a estas personas, financiándolas para que puedan mentir a más y más personas y tomar su dinero inmerecidamente. Por otra parte, si me hago amigo de alguien que miente con frecuencia, es posible que me encuentre mintiéndole a él y a otras personas, ya que es fácil desarrollar el hábito.

Dar un paso hacia la falsedad tiende a llevarnos a muchos, muchos más, hasta que somos absorbidos por una vida de falsedad.

Prefiero evitar esos caminos que me conducirán más profundamente a la falsedad. En cambio, identifico la falsedad y la elimino de mi vida.

¿Y usted? ¿Alguna vez ha pensado en la falsedad que lleva dentro? ¿O la falsedad en su vida?

Debemos aprender a explorar la falsedad en nosotros mismos. Nuestras mentes tienden a crear perspectivas falsas de modo natural. Estamos muy seguros de que entendemos, pero tendemos a captar muy poco. Los nuevos conocimientos y las investigaciones siempre revelan que las cosas que pensamos que eran verdaderas eran en realidad falsas. Tal vez solo estaban equivocadas en un 1% y necesitaban una pequeña corrección. En otros casos, quizás eran falsas en un 99%, y necesitábamos deshacernos de nuestros viejos procesos de pensamiento y cambiar nuestro entendimiento por completo.

Cuando yo era adolescente, algunos compañeros rebeldes disfrutaban encontrando una única excepción a una regla para después enfrentarse a la profesora. Entonces decían: "Mire, lo que me enseñó fue una tontería. No me funciona". A menudo, estos adolescentes simplemente carecían de experiencia y perspectiva. Suponían que, si intentaban algo una vez y fallaban, esto demostraba que la idea era incorrecta. Quizás la afirmación que había hecho la profesora era 90% cierta, lo que significa que se aplicaría perfectamente bien en el 90% de los casos y no tan bien en el resto del tiempo. Sin embargo, una sola excepción no prueba necesariamente que una idea sea incorrecta.

En realidad, lo que importa es nuestro patrón de experiencias. Estas experiencias conforman nuestra huella de estar en este mundo. Las cosas que están más cerca del 100% de la verdad son aquellas de las que estamos más seguros. Por ejemplo, quizás usted tiene algunas características de personalidad estables.

Consideremos la personalidad con mayor profundidad, ya que claramente es una parte importante de lo que nos hace quienes somos y de lo que abarca nuestra verdad.

Los 5 grandes rasgos de personalidad que los psicólogos han identificado son:

Apertura a la experiencia—¿Qué tan abierto está a nuevas experiencias?
Conciencia – Alta Responsabilidad—¿Qué tan organizado y trabajador es?
Extraversión—¿Cuánto prefiere estar rodeado de otras personas?
Amabilidad – Cordialidad—¿Cuánto tiende a confiar y ayudar a los demás?
Inestabilidad Emocional – Neuroticismo—¿Qué tan propenso es a la ansiedad y a la inestabilidad emocional?

Estos rasgos de personalidad tienden a ser estables durante toda la vida. Los rasgos parecen caer en una escala donde algunas personas son más o menos abiertas y más o menos conscientes. Mucha gente también caerá en el medio de la escala. Por ejemplo, no todo el mundo es completamente extravertido (extrovertido) o introvertido. Pueden ser ligeramente introvertidos, ligeramente extravertidos o estar justo en el medio.

Como resultado de las vidas que vivimos, podemos pasar por una amplia gama de experiencias humanas—momentos que involucran tristeza, felicidad, amor, y pruebas y tribulaciones. Sin embargo, en cualquier caso, nuestras personalidades no cambian mucho o pueden cambiar gradualmente.

Un ejemplo, de cómo alguien puede cambiar de personalidad es que, cuando era más joven era mucho menos abierto y más introvertido. Con el tiempo, he pasado a ser más abierto y menos introvertido. Estoy seguro de que todavía soy introvertido, pero estoy mucho más dispuesto e interesado en socializar con personas nuevas de lo que solía estar. Quizás esto sea común, ya que he conocido a muchas otras personas que han experimentado un cambio hacia la extraversión a lo largo de sus vidas.

Aunque estoy cambiando, no creo que me esté convirtiendo en una persona diferente. En realidad, es posible que haya estado regresando a ser quien era. A veces me pregunto si nacemos con un tipo de espíritu en particular o al menos, si lo desarrollamos desde una edad temprana. Y después, a lo largo del camino, de alguna manera olvidamos quiénes somos realmente. Entonces tenemos que esforzarnos para encontrar nuestro verdadero yo una vez más. Ese es el desafío de nuestras vidas.

A veces pienso: *¿Qué pensaría mi yo de 10 años de mi vida ahora? ¿O mi yo de 20 años? ¿Pensarían que tomé buenas decisiones para llegar a donde estoy hoy? ¿O se sentirían decepcionados? ¿Qué pensará mi yo de 65 años?*

¿Por qué me importa lo que piense mi yo de 10 años? Supongo que es porque a los 10 años sabía pocas cosas, pero lo que sabía habría estado seguro de que era cierto.

A los 20, había aprendido mucho en comparación con lo que sabía durante mi niñez, pero gran parte de lo que sabía tal vez estaba equivocado, y es posible que me haya desviado de mi verdad.

No estoy seguro de si alguna vez me perdí, o si estuve en camino de perderme. En realidad, cada paso que damos es solo una parte del viaje hacia nuestra verdad.

Al perder su Tao o su camino, naturalmente necesitará encontrar el camino de regreso a su verdad personal. Así que al perderse se encuentra a sí mismo.

A veces también pienso en mi yo de 65 años porque imagino que esta puede ser una versión de mí que ha descubierto tanto como alguna vez lo hará. Será el año 2050. Esta versión de mí mismo sabrá más sobre quién soy como persona, porque supongo que habré sido puesto a prueba más profundamente para esa edad. Habré experimentado alguna pérdida, dolor y quizás arrepentimiento, alguna lesión o enfermedad. Espero que los aspectos positivos superen a los negativos, por supuesto, pero cualquier vida tendrá su cuota de adversidades.

A los 65 años, habré captado mucho más de la verdad y habré llegado a una comprensión más profunda de la vida de lo que he sido capaz a los 35 años.

Hace un año, decidí entrar en un estado meditativo y comunicarme con la versión de 65 años de mí mismo. Sí, puede leer esa oración una vez más para asimilarla.

Entré en un estado meditativo. Entonces pedí la sabiduría más valiosa que mi yo de 65 años me pudiera otorgar. Me dijo: "No busques respuestas en mí. Quieres creer que existen soluciones fáciles, simples, mágicas, igual que todos los demás. Este es el error, donde la multitud quiere perseguir eso. En realidad, el aprendizaje es difícil, lento y se aprende mediante duras lecciones de la vida. No tengas miedo de vivir esas duras lecciones tú mismo. Aprende viviendo".

Tome esa sabiduría como mejor le convenga. En lo personal, la encontré reveladora, ya que era cierto para mí.

Desafortunadamente, la falsedad en nuestras vidas humanas no desaparecerá. Por el contrario, siento que su fuerza está creciendo y la verdad está pasando a un segundo plano en nuestras vidas.

Hay falsedad todos los días, dondequiera que vayamos. En muchas ocasiones, escucho a la gente decir que se supone que alguien debe ser de cierta manera. Para mí, esto es falsedad. Debemos educar a alguien sobre los modales, la responsabilidad y el éxito sin decirle que tiene que actuar de cierta manera o desempeñar un conjunto específico de acciones para alcanzar sus metas.

A lo mejor, para los niños en la escuela, los maestros necesitan crear muchas reglas para mantener el orden. Sin embargo, hacemos y seguimos tantas reglas para tantas situaciones de la vida diaria, que es posible que no haya mucho espacio para expresarnos y ser nosotros mismos. Últimamente, he descubierto que prefiero olvidarme de las reglas, al menos ocasionalmente. Por reglas, no me refiero a las leyes esenciales de la sociedad. En cambio, me refiero a las reglas no escritas como la necesidad de dar una cantidad específica de propina, responder a un saludo de cierta manera o ser cortés cuando los demás esperan que lo sea.

Como ejemplo, una vez vi a un hombre en un restaurante reprendiendo a su novia; primero por usar el tenedor equivocado, después por masticar con la boca abierta, y luego por no usar la servilleta de la forma correcta. Al principio, pensé que tenía razón, ya que es importante tener algunos principios de cortesía y orden dondequiera que vayamos. Y después me pregunté, ¿por qué deberíamos sentirnos obligados a seguir las reglas sociales que nos despojan de nuestra personalidad y de nosotros mismos, y nos convierten a todos en lo mismo? Al final, pensé que el hombre podía mencionarle sus preocupaciones a ella, y eso estaría bien. Pero al ser tan abiertamente crítico, parecía que la avergonzaba para que siguiera sus puntos de vista sobre la etiqueta. Esa parte parecía estar mal. Eso envía el mensaje de que "si no sigues mis reglas arbitrarias de cortesía puedo hacerte la vida imposible".

No veo ningún problema con la mayoría de las reglas de etiqueta. Creo que para aquellos que quieran seguirlas por completo, es genial. Pero en lo personal, no quiero ir a un lugar, ya sea un restaurante, una gasolinera o la casa de un amigo y sentirme angustiado por la necesidad de seguir todas las reglas. Luego, si no lo hago, tal vez sea etiquetado como un bárbaro sin clase. Hago lo que puedo, vivo de acuerdo con mi verdad, trato de ser considerado, y lo dejo así. Y en situaciones que exigen demasiadas reglas, tal vez sea mejor para mí evitarlas.

Menciono las reglas porque muchas veces en la vida he notado que han restringido mi verdad. "Se supone que debemos hacer las cosas de esta manera", me dicen. Tengo una mente creativa que quiere cuestionar y llevar las cosas en nuevas direcciones y desafiar el orden, por lo que a veces me resulta difícil aceptar las reglas tal como son.

Enfocarnos demasiado en las reglas puede llevarnos a la falsedad. Esto es todo lo que quiero que tenga presente.

Pregúntese: ¿Qué está restringiendo mi verdad y conduciéndome a la falsedad?

¿Es un tipo particular de persona con una personalidad fuerte que tiende a desviarlo de sus valores y metas de vida? ¿Es un conjunto de reglas que le parece arbitrario, pero que todas las personas que le rodean creen que son importantes? ¿Es que no se ha decidido por un propósito o camino? ¿Es que a menudo prefiere mentir para mantener la paz en vez de decirle a las personas cómo se siente? ¿Se ve arrastrado a discusiones insignificantes en línea, tal vez con personas que no conoce en la vida real? ¿Se está contando la misma historia sobre sí mismo todos los días que lo mantiene en el mismo lugar en el que no quiere estar? ¿Ha estado comprometiendo sus valores importantes?

Aquí hay algo difícil de considerar, pero vale la pena tenerlo en cuenta.

¿Hay un gran mago en su vida que planta cuidadosamente ideas en su cabeza solo para conseguir que esté de acuerdo con ellas? ¿Hay alguien o algún grupo tratando de hacerle creer lo que quieren que crea? Tal vez se benefician cuando cree su versión de la verdad. Piense en una pareja autoritaria que le convence de que usted es el problema porque no vive de acuerdo con sus estándares. ¿Qué pasa con las agencias implacables de publicidad que bombardean con ideas que le hacen sentir que le falta algo que convenientemente venden? ¿Qué hay de las agencias de noticias? ¿Le están proporcionando hechos o simplemente una narrativa que satisfaga a sus dueños? ¿Están reportando las noticias o fabricando su versión de la "verdad"?

Recuerde el capítulo anterior, *Nadie Puede Darle La Verdad—Debe Buscarla por Sí Mismo.*

¿Quién es o dónde está el mago en su vida, tirando de los hilos, haciéndole dudar de la verdad real y presentándole sus "hechos" convenientes? Piense en esto profundamente. Cada día se gastan miles de millones de dólares para venderle una versión de la verdad. En algún momento tenemos que cuestionar y preguntarnos: *¿Cuál es la verdad real?*

Ya he mencionado que las historias convenientes no son necesariamente la verdad. Ahora, considere que solo por el hecho de que haya imágenes colocadas en frente suyo, esto no significa que sean verdaderas. En la era actual, la tecnología puede manipular las imágenes y las voces. Hay menos certeza que nunca. Por ende, cuando vea que grupos masivos de personas siguen las "verdades" convenientes, recuerde una vez más que esto no las hace correctas.

Tenemos que aprender a cuestionar más profundamente y a pensar de manera más crítica para descubrir nuestra verdad en un mundo que nos dirige hacia la falsedad. La mayoría de mis libros han sido escritos con esos objetivos en mente. Lo invito a ver una lista de esos títulos al final de este libro.

PREGUNTAS CLAVE

(Explore la Falsedad en Su Interior y Más Allá
de Sí Mismo para Deshacerse de Ella)

1. ¿Hay alguna persona en particular a la que tiende a mentirle? ¿O tal vez haya ciertas situaciones en las que descubre que es más probable que se vuelva mentiroso? ¿Por qué?

2. ¿Alguna vez se esforzó mucho para convencer a alguien más de que algo era verdad? Cuando lo hizo, ¿fue porque también tenía sus propias dudas?

3. ¿Qué sabía que era cierto cuando tenía 5, 10, 15, 20, 30, 40, 50 años, etc., hasta ahora? ¿Qué ha cambiado con el tiempo?

4. Cuando la gente es demasiado cortés o rígida en cuanto a seguir las reglas sociales, ¿le parece falso? ¿Siente que son personas genuinamente corteses o siente que están demasiado preocupados en seguir las reglas de cortesía?

5. ¿A qué tipo de ideas falsas está expuesto todos los días? ¿Son difíciles de percibir conscientemente porque las ha visto con demasiada frecuencia?

(Explore la Falsedad en Su Interior y Más Allá
de Sí Mismo para Deshacerse de Ella)

Acción: **Pase un tiempo en silencio consigo mismo.** Puede entrar en un estado meditativo si tiene práctica haciendo esto, pero si no, simplemente siéntese en silencio por varios minutos. Concéntrese en su respiración y permítase alcanzar un estado de calma y de paz.

Después, imagínese a sí mismo, pero en una versión mayor, más sabia. Quizás pueda imaginarse a sí mismo, pero veinte o treinta años mayor.

Pregúntele a su yo mayor:

¿Cuál es la falsedad más grande que he permitido en mi vida, y cómo puedo superarla?

¿Cuál es la verdad más importante en mi vida, por la que debería esforzarme por mantener y hacerla crecer?

Puede hacerse cualquier otra pregunta en su mente y tal vez preguntas sobre la dirección de su vida, su propósito o cómo superar un obstáculo en particular.

Razonamiento: ¿Quién lo conoce mejor que usted mismo? Recuerde que usted es el único que podrá descubrir su verdad. Nadie se la puede dar. Así que tiene sentido pedirle ayuda a otra versión de su yo. Por extraña que parezca una idea como esta, dele una oportunidad. Puede que se sorprenda.

Consejo: Si tiene dificultades con este ejercicio, no intente forzarlo. Siempre puede volver a intentarlo en otro momento. Cuando intente este ejercicio por primera vez, es posible que no se dé cuenta de cuán profunda es la sabiduría que recibe. Le recomiendo anotar cualquier información valiosa que obtenga de las conversaciones consigo mismo.

La Escala Del Mentiroso (Unas Mentiras Son Peores Que Otras)

"Aquellos que no han trabajado en favor de la verdad han perdido el propósito de vivir".

— Buda

Nota: esta sección se publicó originalmente en mi sitio: www. RobledoThoughts.com. En su viaje para explorar la falsedad en su interior, creo que será útil examinar los tipos de mentiras que dice o las mentiras que suelen decir las personas que le rodean. Al ver las mentiras por lo que son podemos redirigirnos hacia la verdad.

No todas las mentiras son iguales, así que quiero que piense en cómo algunas mentiras pueden ser peores que otras.

En el camino hacia la búsqueda de la Verdad en nuestras vidas necesitamos pensar sobre esto. Supongamos que no nos enfocamos conscientemente en qué tan veraces somos o en qué tan honestas son las personas o los sistemas que nos rodean. En ese caso, nuestras vidas pueden caer en la falsedad. Podemos decir mentiras cada vez más grandes y rodearnos de falsedades. Entonces un día la verdad y la falsedad pueden confundirse.

Siempre debemos mantener nuestro entendimiento de la verdad porque hacerlo significa entender la realidad. Para ayudarle a mantener una mejor comprensión de la verdad y la realidad, le presento **La Escala Del Mentiroso**. Tenga en cuenta que los números más bajos indican mentiras menores y los números más altos son para las mentiras mayores.

1) La Mentira del Superviviente

El propósito de estas mentiras es satisfacer las necesidades personales—como comida, agua, refugio u otras comodidades necesarias. Cuando se dicen estas mentiras, el objetivo primario es sobrevivir, no tomar más de lo necesario.

2) La Mentira Positiva (Por ejemplo, "La Mentira Piadosa")

El propósito de estas mentiras no es causar algún daño ni ocultar alguna fechoría. El objetivo suele ser ayudar a evitar que alguien se sienta mal o ayudar a que alguien se sienta mejor. El objetivo es mejorar de alguna manera la situación de otra persona diciéndole una mentira positiva.

3) La Mentira Pequeña

Estas son pequeñas mentiras que podemos decir para lograr lo que queremos en situaciones triviales. El propósito puede ser ayudar a otros de algún modo. Aun así, a menudo estamos más interesados en ayudarnos a sentirnos mejor o ayudarnos a evitar una consecuencia negativa, que en cómo afectan a los demás estas mentiras.

4) La Mentira de "Salvar La Cara"

Esta es una mentira en la que se inventa una excusa o se dice algo solamente para evitar quedar mal. En esta etapa, usted quiere controlar la forma en que la gente piensa sobre usted, aunque esto signifique tener que mentirles. En lugar de estar motivado para hacer que la gente piense que es el mejor, no quiere que piensen menos de usted. Con la mentira de "Salvar la Cara" miente sobre quién es, lo que parece más significativo que las mentiras anteriores en la escala.

5) La Mentira de "No Puedo Fallar"

Con este tipo de mentiras, la persona tenía una meta en su vida y se ha dado cuenta de que no podrá cumplirla normalmente. Entonces, para cumplirla, ha decidido mentir o hacer trampa para obtener el resultado deseado. En esta etapa, la mentira debería ser solamente un incidente aislado o poco común y no una ocurrencia regular. Sin embargo, este tipo de mentiras tiene un lugar más alto que las anteriores porque para evitar descarrilar toda su vida o perder un trabajo, las personas pueden estar motivadas a decir mentiras mucho más grandes (o a hacer trampas de modo sustancial).

6) La Mentira de "Tengo que Ganar"

Aquí, la necesidad de ganar siempre o tener la razón o ser mejor que los demás resultará en mentir para mantener una ventaja competitiva y la ilusión de ser el mejor. Está decidido a ser altamente competitivo o posiblemente el mejor incluso si eso significa decir grandes mentiras. Esta es una mentira más grande que las anteriores porque la persona ha decidido que debe cumplir un resultado. Hará cualquier cosa para obtener ese resultado, lo que incluye mentir o hacer trampa para alcanzar ese objetivo.

7) La Mentira de "Yo te Protegeré"

Con este tipo de mentiras, una persona se da cuenta de una acción indebida (cometida por sí mismo o por alguien más). Esta persona miente (o intencionalmente no dice la verdad) para evitar que alguien se entere de esta mala acción. Alguien puede decirse a sí mismo que miente para proteger a los demás. Pero a menudo mienten para protegerse a sí mismos de la reacción que recibirán si otros descubren la verdad. Estas mentiras ocupan un lugar destacado en la escala porque pueden convertirse rápidamente en más mentiras para encubrir mentiras anteriores. También ocupa un lugar destacado porque, en términos generales, se trata de mentiras que la gente considera como una gran violación a la confianza o a la integridad. De lo contrario, no gastarían tanta energía en mantener este tipo de mentiras.

8) La Mentira de "Te Haré Daño"

Las mentiras anteriores generalmente no tienen la intención de causar daño, por ello esta mentira está más alta en la escala. En este punto, una persona está motivada a lastimar a otros—puede ser para "darles una lección" o porque tiene razones personales para que le desagrade otra persona. Estas mentiras pueden utilizarse para adquirir dinero u objetos de valor o para causar daño psicológico o físico.

9) La Mentira de "Mi Vida es una Mentira"

En esta etapa, alguien ha descubierto que mentir es una herramienta poderosa para conseguir lo que quiere. Con este tipo de mentiras, una persona puede ganarse la simpatía inventando cosas o exagerando sus problemas en grados absurdos. Puede inventar historias para atraer a la gente a que le den dinero. Siempre que se cuestione su integridad o experiencia, es posible que tenga mentiras listas para respaldar su comportamiento. En esta etapa, es posible que se hayan inventado aspectos importantes de la vida de una persona. El currículo puede estar compuesto principalmente de falsedades y su atuendo puede hacer que parezca que tiene mucho más éxito del que realmente tiene. Las relaciones se establecen en función de promesas que nunca tuvo la intención de cumplir. En este nivel, una persona está tan acostumbrada a mentir que cuando inevitablemente se ve atrapada en una mentira, inventa nuevos "hechos" para respaldar una historia inventada que justifica sus acciones.

La Mentira de "Mantener la Justicia"

Otro tipo de mentiras que no se puede clasificar fácilmente arriba es la **Mentira de "Mantener la Justicia",** donde alguien miente para defender un mayor sentido de justicia o de valores. Esta mentira se mantendrá sin clasificar porque, a fin de cuentas, todos debemos hacer nuestro juicio sobre si vale la pena tratar de mantener la justicia o no. Y todos podemos tener diferentes impresiones de lo que está justificado.

Me interesa hablar sobre las mentiras porque es algo que ocurre bastante y tendemos a aceptarlo como una forma de vida. Cualquier cosa que alguien le diga o cualquier cosa que lea hoy puede ser una mentira. Todos somos conscientes de esto y probablemente hayamos llegado a un cierto nivel de paz con ello.

Desafortunadamente, cuantas más mentiras diga una persona más probable es que caiga en un patrón de decir mentiras más profundas y más grandes. En los niveles más altos de la mentira, la vida de una persona consiste más en mentiras que en verdades. Cuando se levantan por la mañana, lo primero que les pasa por la mente es qué historias prefabricadas tienen que contar a qué personas para conseguir los resultados deseados. De otro modo, se enfocarán en proteger todas sus mentiras anteriores para que no sean descubiertas.

Incluso en los niveles más bajos de la mentira, puede deslizarse fácilmente a niveles más profundos. Imagínese si alguien constantemente dice mentiras pequeñas (número 3 en la escala). Estas pueden ser pequeñas mentiras, pero con el tiempo esta persona puede deslizarse más y más en la escala a medida que mentir se convierte en una parte regular de su vida.

Le invito a ser más consciente de cualquier mentira que pueda decir en su vida. A veces pueden volverse tan rutinarias que ni siquiera nos percatamos de ellas. Por ejemplo, quizás haya alguien en su vida que le mienta con regularidad. Si usted "acepta" estas mentiras, entonces en cierto sentido, usted también está mintiendo.

Si alguien le miente con frecuencia o a las personas que le rodean, piense en lo que puede hacer para romper este ciclo en el que alguien le "vende" sus mentiras y usted parece "aceptar" esas mentiras. Deberíamos encontrar formas de reducir las mentiras que nos rodean porque es posible que las personas que hacen esto con regularidad ni siquiera sean conscientes de lo que están haciendo. Y si creen que esto les está funcionando pueden sentirse motivados a continuar mintiendo. Quizás sea un mal hábito que desarrollaron, y no se detendrán a menos que sean confrontados de alguna manera.

Aquí están algunos comentarios que he hecho en el pasado o que podría hacer cuando escucho algo que es una mentira aparente.

- "¿Verdad? Eso no es lo que alguien más me dijo".
- "¿De dónde obtienes tus datos? No creo que puedas confiar en esa fuente".
- "Algunas personas están preocupadas por [inserte cualquier sentido de integridad o valor que la persona está tratando de proteger con esta mentira], pero no podría importarme menos".
- "Entonces, ¿qué piensas sobre [mencione otro tema]?". O "Mira la hora—tengo que irme". (Esto puede hacer que se den cuenta de que no se sentará a escuchar mentiras).
- "Vaya, eso es realmente increíble—eso es para los libros de récords (dicho con un ligero sarcasmo)".
- "Solo estás inventando cosas (no en un tono irritado, sino posiblemente en un tono un poco gracioso)".
- "No nací ayer, ¿sabes?".
- "A ver, eso simplemente va en contra de todo lo que sé que es verdad (puedo guardar este comentario para un mentiroso patológico)".

Piense en algunas ocasiones en las que haya notado que lo más probable es que alguien estuviera mintiendo. Si presta atención, en muchos casos, puede detectar señales que indican que alguien *puede* estar mintiendo. Por ejemplo:

- Existe una inconsistencia en lo que alguien ha dicho. Quizás a menudo afirman ser lo que sea ventajoso en ese momento, lo que puede resultar en declaraciones contradictorias.

- Su lenguaje corporal o tono de voz no está sincronizado con las palabras que usan. Por ejemplo, pueden darle malas noticias con un tono de voz alegre.
- Siempre tienen excusas para no tener que hacer actividades indeseables.
- Tienden a ponerse demasiado a la defensiva y su tono de voz se eleva bruscamente.
- Se sienten incómodos y se tocan la nariz o la cara mientras hablan.
- Monitorean de cerca su reacción, posiblemente para ver si está "aceptando" su historia. Pueden verificar su respuesta para juzgar si deben continuar con su historia o modificarla para calmarlo.
- Hacen declaraciones que no tienen sentido común o razonamiento que las respalde—y hacen esto con regularidad.

PREGUNTAS CLAVE

(La Escala Del Mentiroso)

1. ¿Qué tipo de mentiras suele decir?
2. En promedio, ¿dónde se ubican en La Escala del Mentiroso?
3. ¿Sus mentiras se han vuelto más pequeñas o más grandes con el tiempo?
4. ¿Qué pasa con las personas que le rodean? ¿Cuánto cree que mienten, y está haciendo algo al respecto?
5. ¿Es más duro con los demás cuando mienten o más duro consigo mismo cuando miente? ¿Tiene un doble criterio?

ACTÚE HOY

(La Escala Del Mentiroso)

Acción: **Hoy, haga un esfuerzo adicional por ser lo más sincero posible acerca de *todo*.** En especial, si está pasando por emociones negativas como ansiedad o confusión, considere compartir esto con alguien más. Si comete un error, sea directo sobre lo que sucedió, en vez de inventar excusas o negar su responsabilidad.

Esto no es para dar a entender que normalmente mentiría, pero preste mucha atención a sus instintos. En algunas situaciones podemos ponernos naturalmente a la defensiva y sentir que está bien decir cualquier cosa necesaria para defender nuestra posición. Desde luego, tal enfoque puede resultar en mentiras.

Cuando se concentre en decir la verdad conscientemente hoy, tenga en cuenta cómo le hace sentir esto. ¿Se siente mejor consigo mismo y como si fuera más Verdadero porque se ha representado a sí mismo de la manera más veraz posible?

Razonamiento: Generalmente, es mejor decir la verdad. Cuando mentimos sobre algo, siempre nos preocuparemos de que alguien pueda descubrir esta mentira y seamos castigados por ello en el futuro. Cuando dice la verdad no tiene que preocuparse. Además, al decir la verdad, será más probable que atraiga a personas que creen que la verdad es importante y lo valoran tal como es. Si comete un error, aquellos que aprecian la verdad comprenderán que es un ser humano y no esperarán perfección. Estarán dispuestos a darle otra oportunidad precisamente porque dijo la verdad.

Consejo: Hay diferentes grados de verdad. Tiendo a tener una sensación particular cuando sé que estoy ocultando algo que las personas que me rodean merecen saber. Cuando tenga esa sensación, tómela en serio. Si no se siente cómodo diciendo su verdad a todos, considere buscar un buen amigo o tal vez su jefe o alguien de su confianza y explíqueles su verdad.

Ponga Su Verdad A Prueba

"No se resista ante las experiencias que puedan aniquilar sus creencias. El pensamiento que no puede pensar lo controla más que los pensamientos que dice en voz alta. Sométase a experiencias difíciles y póngase a prueba en el fuego. Abandone la emoción que se apoya en una creencia errónea y busque sentir plenamente esa emoción que se ajusta a los hechos".

— Eliezer Yudkowsky

¿Qué hace cuando piensa que tiene su verdad? ¿Significa esto que ha llegado a su destino? No exactamente.

Como he mencionado anteriormente, la Verdad es un viaje.

Este libro no se trata de llegar a ninguna parte. Puede que no haya destino al que llegar.

En mi experiencia, la mayoría de nosotros no queremos que nadie nos ponga a prueba, que *realmente nos ponga a prueba*. Queremos tener nuestras creencias o nuestras verdades y estar contentos con esto. No queremos que nos desafíen—nos sentimos más seguros al continuar creyendo en nuestras verdades, aunque no sean del todo ciertas.

Cuando alguien hace agujeros en su verdad se siente como si estuvieran haciendo agujeros en su espíritu. No obstante, debemos aprender a lidiar con las críticas y los defectos. Nadie es perfecto después de todo. Esto puede exponernos a comentarios hirientes, pero al final seremos más fuertes.

Le insto a que no encuentre una "verdad" en particular y luego se adhiera a ella obstinadamente por toda la eternidad. Esté dispuesto a probarla, reevaluarla y reconsiderarla. ¿Algo ha cambiado? ¿Hay nueva información que valga la pena considerar?

Imagínese esto: Martín es un pez en el océano que no conoce más que la humedad. Para Martín todo está mojado, por ello no puede percibir completamente la idea de lo que quiere decir estar mojado. Para saber lo que significa estar mojado, Martín tendría que saber lo que significa estar seco, ¿correcto? Entonces un día un pescador engancha a Martín y de pronto se encuentra en un bote. El sol caliente lo seca rápidamente. Por primera vez se da cuenta de que no todo está mojado. Ahora ve la verdad, que es posible secarse dejando el océano.

En esta historia yo soy el pescador.

Decido que Martín debería experimentar la humedad una vez más para poder aprender a apreciar su vida más plenamente. Elijo tirarlo de nuevo al océano. (¡Chapoteo!)

Martín nunca pudo probar conscientemente su verdad de que todo está mojado porque para él, dejar el océano es morir. Pero como seres humanos, podemos probar nuestras verdades. Probarlas no nos matará incluso si puede parecer desagradable. Tenemos que estar dispuestos a sentirnos incómodos y realizar estas pruebas para descubrir toda la verdad de nuestras vidas. De modo alternativo, podemos suponer que conocemos todos los hechos y enojarnos cuando otras personas están en desacuerdo. Eso no es lo ideal.

Hay dos formas clave de probar su verdad. **La primera forma de probar su verdad es permitirse suponer que puede estar equivocado y buscar**

alternativas y opciones mejores. Este enfoque sencillo le obligará a comportarse de manera diferente. Posiblemente le permitirá descubrir una nueva verdad que había permanecido oculta para usted.

Considere que quizás su verdad sea que un compañero de trabajo llamado Noah es malo con usted y no es de su agrado. Debido a que generalmente supone que este es el caso, tiende a estar de mal humor con él. De suerte que, tal vez su mal humor también pone de mal humor a Noah, y esto reafirma su verdad de que Noah no gusta de usted. Una forma de probar esta verdad no es haciendo lo mismo que siempre hace. En cambio, puede probarla asegurándose de estar de buen humor antes de ver a Noah y ser amable con él. Si es amable con Noah, ¿todavía reacciona negativamente? La única forma de saberlo es poniendo a prueba esta verdad por sí mismo.

En otro escenario, quizás su verdad sea que no es bueno en las matemáticas. Siempre que tiene que trabajar con las matemáticas le pide a un amigo o familiar que lo haga por usted. Cada vez que intenta trabajar con las matemáticas por su cuenta, a menudo se equivoca y, por lo tanto, está acostumbrado a la idea de que no es bueno para las matemáticas. La forma de probar esto sería comprometerse a mejorar sus habilidades en matemáticas. Esto significaría no pedir más ayuda con problemas sencillos, sino tomarse el tiempo para practicar y mejorar. Entre otras cosas, podría tomar una clase o conseguir un tutor que le ayude a mejorar.

Como último escenario, consideremos las emociones o los estados de ánimo. ¿Qué pasa si acaba de tener una pelea importante con su pareja y se siente terrible por ello? Puede pensar lo peor. Podría empezar a pensar que está cansado de esta relación y todo lo que quiere hacer es alejarse. Es posible que le pase por la mente que es momento de terminar, o se pregunte si esta vez su pareja habrá tenido suficiente y querrá terminar. Por ende, tal vez se ponga triste, enojado o molesto de alguna manera. Desde luego, estos pensamientos no son divertidos. Cuando esto suceda, puede preguntarse si estos pensamientos reflejan la verdad o si simplemente está molesto, y es algo que pasará. Lo importante aquí es dar un paso atrás y suponer que sus pensamientos podrían estar equivocados. En lugar de suponer que se dirige a una ruptura, puede recordar que normalmente resuelve sus problemas, así que seguramente los volverá a solucionar esta vez.

Como dije, hay dos formas principales de probar su verdad. La primera forma fue suponer que su verdad puede estar equivocada. Esto puede ser productivo cuando tiene una "verdad" que no está funcionando bien.

La segunda forma de probar su verdad es suponer que tiene razón y esforzarse por vivir esa verdad más plenamente. Esta es una forma más útil de probar sus verdades cuando se trata de una parte más profunda de sí mismo, como un valor fundamental, que elige para vivir su vida.

Si su verdad es la amabilidad, póngala a prueba. Intente ser amable con quienes le hacen mal. Sea amable con alguien a quien no conoce bien. Sea amable, incluso, cuando tenga un mal día.

Si su verdad es la gratitud, póngala a prueba. Sea agradecido a primera hora de la mañana y por la noche antes de acostarse. Dé gracias por las lecciones difíciles aprendidas, así como por la bondad que le ha sido otorgada. Aprecie las tareas que realizan las personas en su vida, igual si se les paga por ello.

Si su verdad es la inteligencia, póngala a prueba. Obsérvese y júzguese como si se viera a sí mismo desde lejos. Evalúe sus palabras, pensamientos y acciones, y vea si son lógicos y congruentes. Aprenda y lea todos los días. Desafíe su mente a ver, pensar y calcular más profundamente que nunca incluso cuando sea aburrido y difícil.

Si su verdad es la empatía, póngala a prueba. Vea a una mujer mayor cansada en una parada de autobús y pregúntese cómo fue su día. ¿Luchó, trabajó duro, sufrió, tuvo dudas o progreso? Vea a un adolescente en patinetas con jeans rotos y pregúntese cómo es su vida. ¿Tiene un hogar estable, saca buenas notas, tiene buenos amigos y llegará a ser alguien importante? Vea a un indigente durmiendo a la intemperie en el frio y pregúntese cómo le va. ¿Está enfermo, solitario, cansado o hambriento? ¿Tiene alguien en el mundo que se preocupe por él? ¿Puede extender su empatía más allá de los pensamientos y sentir lo que sienten? ¿Puede interesarse en tomar acciones útiles en función de esa empatía? ¿Es capaz de mostrar su compasión a los demás incluso cuando usted mismo esté cansado y agotado?

Si su verdad es la responsabilidad, póngala a prueba. Cuando promete ayudar a demasiadas personas, ¿hará todo lo posible para cumplir esas promesas aun cuando eso signifique trabajar más duro y dormir menos? Cuando está a cargo de una tarea y la situación se vuelve abrumadora, ¿se pondrá a la altura de las circunstancias y se asegurará de que todo se atienda?

Si su verdad es la independencia, póngala a prueba. En lugar de pedir ayuda a otras personas todo el tiempo, primero busque maneras de resolver los problemas por su cuenta. Únicamente pida ayuda cuando la necesite, cuando no pueda avanzar por su cuenta.

Considere este escenario: ¿Qué pasa si Lucas acaba de salir de la prisión? Pasó años allí, y ahora está listo para redimirse. Está ansioso por encontrar un trabajo estable, pero a medida que aplica en todas las partes posibles, surge un patrón de respuesta. Cuando el empleador se entera de que ha pasado un tiempo en prisión pierde interés en contratarlo. Lucas recuerda que todavía sabe dónde viven los viejos contactos que podrían ayudarlo a conseguir un "trabajo", sin hacer preguntas. El problema es que, si cae en esos viejos patrones de comportamiento, seguramente terminará tras las rejas muy pronto. En cambio, Lucas decide que aquí se está probando su verdad. En este caso, su verdad es su disciplina y su compromiso de vivir con rectitud aun cuando el camino sea difícil. Decide que, aunque tenga que mudarse para conseguir un trabajo, lo hará. Si tiene que trabajar por menos paga, lo hará. Está dispuesto a que lo pongan a prueba y dejar que su verdad brille al final.

La verdad es una palabra poderosa. Tome un momento para preguntarse si está viviendo una vida honesta. Para mí, la verdad significa consistencia. No podemos esperar perfección. El hecho de que valore la felicidad no significa que nunca pueda estar triste. Eso sería poco realista. Pero si valora la felicidad, ¿está realizando acciones diarias que lo lleven en esa dirección?

¿Está haciendo esto de manera consistente, eligiendo la alegría sobre la tristeza en cada oportunidad, o simplemente está inventando excusas?

Todos los días nos ponen a prueba. Pero no entendemos que este es el caso. Pensamos—solo por esta vez seré flojo. Solo en esta ocasión me olvidaré de mis valores y tomaré el camino fácil. Solo por esta vez puedo actuar impulsivamente y olvidarme de lo que importa. Solo por esta vez puedo priorizar lo que me hace sentir bien ahora, incluso cuando eso interfiera con mis valores.

Tenemos que aprender que cada día y cada momento es una prueba—y podemos decidir avanzar hacia el camino de nuestra verdad o alejarnos de ella. La decisión es suya.

A menudo, nos convertimos en nuestros propios obstáculos más grandes. Creamos nuestros obstáculos o permitimos que otros los pongan en nuestro camino. Entonces no los enfrentamos adecuadamente según nuestros valores. Comprenda que las barreras no son el problema. Las barreras le ofrecen una oportunidad de practicar sus valores más profundamente y encontrar su verdad.

Pero debe entrenar todos los días. Debe vivir según sus valores todos los días. Ponga a prueba sus verdades y hágalo con regularidad. Cuando suceda el gran momento y se enfrente a las decisiones y situaciones difíciles de su vida, estará preparado para ello.

Cada día es una prueba. Cada día le ayuda a entrenar para convertirse en algo. A veces, el universo nos proporciona muchas pruebas desafiantes. Pero otras veces, nos da un respiro. Cuando el universo no lo esté probando a fondo debería considerar probar sus verdades más profundas por su cuenta.

PREGUNTAS CLAVE

(Ponga Su Verdad A Prueba)

1. ¿Cuál es una verdad que no le está funcionando tan bien, donde podría beneficiarse de ponerla a prueba y suponer que podría estar equivocada?
2. ¿Cuál es una verdad que forma parte suya, así como un valor fundamental? ¿Puede esforzarse por vivir esta verdad más plenamente?
3. ¿Hay algo de verdad en lo opuesto de lo que cree que es verdad?
4. Piense en una verdad particular de su vida sobre la que tenga dudas—¿valdría la pena ponerla a prueba?
5. ¿Cuándo fue la última vez que una de sus verdades más profundas fue puesta a prueba? ¿Qué aprendió?

ACTÚE HOY

(Ponga Su Verdad A Prueba)

Acción: ¿Cuál es una verdad en su vida que, simplemente, ha supuesto que es cierta durante mucho tiempo? Piense en las diferentes creencias que tenga. **¿Como llenaría estos espacios en blanco?**

En su mayor parte, las personas son: _____

Todos nacieron con derecho a: _____

No importa lo tentador que sea, nadie debería: _____

Lo más importante en la vida es: _____

Use sus respuestas a estas declaraciones para poner a prueba una verdad en su vida que quizás no haya probado adecuadamente. Para cualquier respuesta que dé a preguntas clave en su vida, pregúntese si ha considerado alternativas. ¿Es su modo de ver las cosas necesariamente la verdad absoluta? ¿Existe otra opción o perspectiva que también valga la pena considerar?

Hoy, para una de sus verdades fundamentales, busque información o evidencia que *pueda* refutar esa verdad. Busque las razones por las que puede ser falsa o estar equivocada. Después, en vez de resistirse a esa información, intente abrir su mente a ella.

Razonamiento: Muchos de nosotros vamos por la vida suponiendo que tenemos la verdad y las respuestas. Nuestras verdades nos parecen tan obvias que no consideramos perspectivas o verdades alternativas. Nos cegamos y vemos las cosas a través de un punto de vista estrecho. Por esta razón, deberíamos poner a prueba nuestras verdades, desafiarnos a nosotros mismos y fomentar el aprendizaje y el crecimiento personal.

Consejo: La forma de poner a prueba su verdad no es haciendo las mismas cosas de la misma manera que siempre. Puede ser útil experimentar e intentar comportarse de una forma en algunos casos, y de otra manera para otras situaciones. Por ejemplo, supongamos que disfruta contando chistes y piensa que esto le ayuda a hacer amigos con mayor facilidad. En ese caso, puede probar esa verdad contando chistes en algunas reuniones, y no en otras. Tiene sentido que sus chistes puedan hacer que le caiga bien a la gente, pero ¿cómo lo sabría realmente a menos que pruebe esto? Ponga a prueba sus verdades cada vez más y más, y a mayor profundidad. Descubrirá que algunas de sus "verdades" no eran del todo Ciertas.

Pensamientos Finales

"Créame: No es una enseñanza ni una instrucción
lo que le doy. ¿Sobre cuál base debería
presumir de enseñarle? Le doy información
del recorrido de este hombre, pero no del
suyo propio. Mi camino no es su camino, por
lo tanto, no puedo enseñarle. Dentro de
nosotros está el camino, la verdad y la vida".

— Carl Jung, *El Libro Rojo* (Liber Novus)

Seguir su verdad no siempre será fácil. He perdido la mía y la he vuelto a encontrar muchas veces. Lo importante es que preste atención a las señales que le da su mente y su cuerpo. Si está constantemente molesto, infeliz o estresado es posible que se haya alejado de su verdad.

La verdad puede ser fea a veces, pero iluminándola es más probable que encontremos nuestra manera hacia un camino que sea fiel a nosotros mismos, que en última instancia es para el bien mayor. Si ignoramos la verdad simplemente nos convertiremos en vagabundos, perdidos y necesitados de dirección.

Tengo curiosidad: en el capítulo, *Identifique Sus Valores para Utilizarlos como Brújula Interior que Ilumine Su Verdadero Camino,* ¿estuvo la Verdad entre sus valores más altos? Para mí, lo está. Hace mucho tiempo que me di cuenta de que la verdad podía llevarme a lugares inconvenientes. A la verdad no le importan nuestros sentimientos, deseos o anhelos. La verdad no está ahí para hacernos sentir bien o para ayudarnos con un objetivo en particular.

La verdad simplemente es.

Cuando tenía 16 años, decidí que la Verdad era mi valor más importante. Igual, si aprendía o descubría cosas que no quería creer, dejaba que la verdad me guiara. Quería operar en el mundo de lo que es, no solo en el mundo de lo que yo quería que fuera. No están completamente en contradicción. Si conoce la verdad tal como es, puede utilizar ese conocimiento para crear la vida o el entorno que desee.

Recomiendo encontrar a alguien de su confianza con quien pueda ser abierto acerca de sus verdades más profundas. Si está dispuesto a ser valiente, puede incluso difundir más de su verdad. Por ejemplo, puede discutirla entre amigos o escribir al respecto en un blog. Dando a conocer sus verdades permitirá que otros encuentren posibles errores en sus suposiciones, razonamientos o ideas. Entre otras cosas, puede exponerse a ser rechazado por personas que no estén de acuerdo con usted. Y esto podría hacerlo sentir vulnerable, pero en última instancia podría fortalecerlo. La elección es suya, en cuanto a qué tan abierto desea ser respecto a sus verdades. De cualquier modo, si compartimos nuestras verdades y estamos disponibles a los puntos de vista de los demás, creceremos espiritualmente. Y, además, aprenderemos más sobre nosotros mismos, las personas que nos rodean y el mundo como tal.

Como breve ejemplo de lo que significa ser abierto con nuestra verdad, me gustaría contarle una breve historia. Una amiga de la familia me dejó una profunda impresión hace mucho tiempo. Ana siempre parecía extrovertida y optimista, y yo nunca había notado que tuviera algún problema en particular. Pero un día nos mencionó algunos de sus problemas. Le diagnosticaron trastornos de depresión y ansiedad y estaba tomando medicamentos y viendo a un terapeuta. Ella me hizo sentir como si este fuera un tema cotidiano y resultara natural para ella hablar al respecto. Y, por supuesto, nadie la juzgó ni la criticó por compartirlo. Simplemente, la escuchamos y la aceptamos por lo que era. Ella era nuestra amiga.

Sin embargo, no pude evitar pensar—yo nunca habría sido tan abierto sobre algo así. En ese momento de mi vida, hace muchos años, simplemente no hablaría de ningún problema de salud mental. Ni siquiera podía imaginarme hablando de algo así con un médico, y mucho menos con mi familia o mis amigos. Me habría sentido avergonzado y demasiado cohibido siquiera para considerarlo.

Años más tarde (o hace más de una década, al momento de escribir este libro), caí en una profunda depresión y no lo compartí con nadie. Esta terquedad me llevó a caer aún más en la depresión. No busqué ayuda hasta que estuve postrado en cama y no tuve otra opción. En ese momento, recordé la fortaleza y la valentía de Ana, y decidí que era hora de decir mi verdad.

Llamé a mis amigos, a mis padres, a mi hermano, a los médicos, a mi jefe y a mis colegas. Les conté lo que estaba pasando y eso liberó algo del poder de la depresión, y comencé a ser yo mismo una vez más. Después de que abrí este grifo de la verdad, fue difícil detenerme. Quería que la gente comprendiera por qué había sentido la necesidad de mantener mi sufrimiento para mí solo—pero eso ya no importaba. La verdad había brillado sobre mí—había visto la luz y estaba listo para hablar de ello.

Algunas personas fueron comprensivas. Otras se sintieron lastimadas porque no les había mencionado esto antes. Algunos parecían confusos e inseguros de cómo podrían ayudarme—tal vez sorprendidos al ver a alguien decir la verdad con tanta claridad. Pero creo que todos trataron de ayudarme y trataron de comprender a su manera.

He estado siguiendo mi verdad desde que tengo uso de razón. A veces sentí que había fallado en esto, pero de alguna forma siempre volví a mi auténtico yo.

Ahora, me gustaría compartir la decisión más difícil que he tomado—fue una decisión que tomé porque valoré mi verdad más que cualquier otra cosa.

A los 25 años (hace una década), estaba en mi tercer año de un programa de doctorado estudiando psicología industrial-organizacional. Había pensado en dejar el programa muchas, muchas veces, pero nunca lo hice. Sentí que seguir adelante era lo que se suponía que debía hacer, aunque la mayoría de los días me sentía como un impostor en mi propia vida. Día a día iba perdiendo interés en mi trabajo y en la dirección que llevaba mi carrera profesional. Para mi tercer año, había adquirido un nivel robótico de eficiencia. Estaba al corriente con todo mi trabajo, casi siempre terminaba las asignaciones y los plazos antes de tiempo.

Sin embargo, gradualmente, toda mi vida se había convertido en una serie de tareas que necesitaba hacer. No existía nada más en mi vida. Había planificado mi horario para trabajar de 8 de la mañana a 7 de la noche todos los días, excepto los domingos cuando tomaba un descanso. Ejecuté este patrón como una máquina. La vida era solo trabajo en el que había perdido interés, interrumpido por breves descansos. Eventualmente, mi supuesta recompensa sería graduarme a niveles más altos de responsabilidad y de trabajo, con menos tiempo libre. Eso es lo que yo tenía que "esperar con entusiasmo".

Un día, algo en mi eficiencia robótica dejó de funcionar. Fallé en realizar mi trabajo de manera adecuada. Simplemente, no pude entender lo que se esperaba que hiciera en una tarea en particular que se me asignó. O quizás no pude comunicar que no entendía algo. Durante mucho tiempo me las había arreglado con poco entusiasmo y con un nivel de eficiencia de una mente hueca. A pesar de eso, de algún modo, me aferré a la creencia de que las cosas saldrían bien. Sentía que finalmente me inspiraría y motivaría. Pero esto no estaba sucediendo. Y al parecer por mi falta de motivación y entendimiento había cometido algunos errores importantes en la tarea que se me había asignado. Al final, unos de mis colegas tuvieron que rehacer mi trabajo la noche anterior a la fecha de entrega.

Me había vuelto demasiado confiado pensando que seguiría progresando, pero había problemas en mi sistema. No me preocupaba cómo iba el trabajo. Solo quería mantener las apariencias de que estaba haciendo mi trabajo correctamente. Por supuesto, para mantener la impresión de que estaba haciendo mi trabajo, tenía que hacerlo correctamente. En esta ocasión, había fallado en ese sentido.

En vez de lidiar con mi error, terminé haciendo un viaje de trece horas en auto para visitar a mi familia. En ese viaje, me di cuenta de lo que tenía que hacer. Necesitaba dejar todo atrás. Había obtenido mi Licenciatura en Psicología, y recientemente había recibido mi Maestría en Psicología industrial-organizacional. Tenía claro que continuar en este camino hacia el doctorado no estaba en mí. No era mi verdad. Este camino no me estaba conduciendo hacia mi yo, sino alejándome de mi yo. Me estaba volviendo cada vez más distante, apenas reconociéndome a mí mismo o en lo que me había convertido.

Cuando mis colegas me vieron, tuve la sensación de malestar por dentro de que no me estaban viendo. Que no podían verme porque mi papel como estudiante de doctorado se había convertido en mi identidad. Mi verdadero yo había dejado de importar, y yo era solo una máquina en piloto automático, siendo productivo hasta que me había "descompuesto" y había sido incapaz de funcionar correctamente. Al final, mi fracaso en completar un proyecto fue solo una molestia para algunos de mis colegas. Mi jefe ni siquiera fue informado al respecto. Yo no estaba bajo ninguna amenaza de ser castigado, mucho menos de ser expulsado del programa.

No obstante, hice mi elección. Era hora de irme.

La decisión más difícil de mi vida fue seguir mi verdad, en este caso. El programa en el que estaba tenía un historial inusualmente alto por graduar estudiantes a nivel de doctorado, alrededor del 95%. Esto hizo que fuera más difícil ser la única persona que decidió irse.

No estaba seguro de qué dirección tomaría mi vida a partir de ahí. No había terreno firme donde aterrizar. Ningún plan. Tan solo me había dado cuenta de que este camino estaba demasiado lejos de mi verdad y necesitaba encontrar uno nuevo. No quería despertar a los 50 años y darme cuenta de que el camino de toda mi vida había sido solo una mentira.

A pesar de no tener idea de lo que me deparaba la vida, abandoné el camino que me llevaba a la falsedad. Y procedí hacia la verdad. Seguir ese camino me ha llevado a escribir este libro, *La Verdad Personal*.

La verdad es el camino que debe seguir. Le ayuda a ver con mayor claridad y le da menos poder a lo que sea que le esté perturbando. Cuando revelo mi verdad a mi familia y a mis seres queridos, esto me ayuda a iluminar la dirección en la que debo ir. Su familia y sus seres queridos querrán ayudarle a vivir su verdad y a progresar en esa dirección. Si no les cuenta su verdad para empezar, ¿cómo pueden ayudarle?

Si parece un gran salto compartir sus verdades con los demás, comience compartiéndolas consigo mismo. Medite y piense en ellas profundamente. Anótelas en un diario. Compártalas con un terapeuta o un entrenador de vida, si lo desea. Empiece por alguna parte, pero no se limite a enterrar sus verdades en lo más profundo de su ser y olvidarse de ellas.

Buscar su verdad no siempre es fácil. Cometo errores como cualquier otra persona. A veces me he descarriado. En algunos puntos me he olvidado de seguir mi brújula interior de valores. Pero este es el viaje. El camino que le aleja de la verdad simplemente le lleva de regreso a ella de todos modos. Solo puede alejarse se la verdad hasta cierto punto antes de que lo vuelva a regresar.

Al final, todo saldrá bien.

Abra su mente a la verdad, pero comprenda que a medida que abre su mente más vulnerable será su posición y el potencial de permitir que entre la falsedad. Por eso, siempre debe poner a prueba sus verdades. No permita que ningún pensamiento aleatorio influya en su mente y cause problemas. Ponga a prueba sus verdades antes de adoptarlas como suyas e incorporarlas en su ser. Y cuando las tenga, continúe probándolas para asegurarse de que sean sus verdades personales.

Tener una apertura mental es una cualidad excelente, pero debe combinarse con el pensamiento crítico y las pruebas para ayudarle a arribar a verdades más profundas. En su forma más sencilla, la *apertura mental* es estar dispuesto a considerar que otra perspectiva podría tener mérito. Y el *pensamiento crítico* es estar dispuesto a cuestionar algo en vez de suponer que es del todo preciso. *Probar* es tomar medidas para confirmar o refutar si lo que cree que es cierto se refleja en la realidad. Utilice todas estas herramientas para que le ayuden a arribar a algo más cerca de la verdad.

Todo lo que podemos hacer es aprender sobre nosotros mismos y el universo, descubrir nuestras verdades, alejarnos de la falsedad y poner a prueba nuestras verdades. Luego, a medida que encontramos verdades más precisas, podemos liberarnos de las antiguas que no eran del todo adecuadas para nosotros.

Si seguimos haciendo esto, en algún momento nuestra verdad personal y la verdad universal se convertirán en una.

Mis palabras de despedida: Espero que encuentre el valor para vivir según su verdad y para difundir algo de esa verdad a los demás. Luego, cuando otros entren en conflicto con su verdad personal, confío en que pueda ver que también ellos tienen una parte de la verdad. Es posible que valga la pena luchar por algunas ideas cuando sea necesario, pero cuando no sea realmente necesario deberíamos aprender a ver que todos podemos tener nuestras verdades y vivir nuestras verdades, y dejar que otros tengan las suyas y también vivan sus propias verdades.

He compartido mi verdad con usted y también he aspirado a compartir una verdad universal. Ahora debería estar un paso más cerca de Su Verdad Personal.

PREGUNTAS CLAVE

(Pensamientos Finales)

1. ¿Cuál es la verdad más profunda que le ha revelado a alguien? ¿Qué pasó como resultado?
2. ¿Cuál es la verdad más profunda que alguien le haya revelado? ¿Qué pensó o cómo reaccionó?
3. ¿Alguna vez ha dicho la verdad, y la gente no le creyó o no reaccionó de la manera que esperaba?
4. ¿Las verdades de su vida le están ayudando o lastimando? ¿Sería beneficioso reconsiderar sus verdades personales?
5. ¿Ha cambiado su perspectiva de la verdad como resultado de leer *La Verdad Personal?* ¿En qué sentido?

ACTÚE HOY

(Pensamientos Finales)

Acción: **Piense en una verdad profunda que se esconde en su interior.** Puede ser algo que vio o algo que hizo. ¿Existe alguna verdad que ha estado escondiendo dentro, con miedo de dejarla salir? Puede ser un sentimiento o una emoción, una situación dolorosa que está enfrentando o algo que lamenta haber hecho.

Cuando tenga en mente esta verdad que tal vez le ha estado agobiando o alterando su vida de alguna manera, considere hacer lo inconcebible. **Comparta esa verdad con alguien.**

Si le preocupa compartir su verdad, puede comenzar con una fuente confidencial. Por ejemplo, puede compartirla con un sacerdote o una persona de confianza en su religión, un psicólogo o un buen amigo o familiar.

Usted puede decidir que es hora de dejar de ocultar una verdad en particular al mundo. Quizás haya alguna cosa que le preocupaba que la gente se enterara. En lugar de seguir ocultando esto, simplemente puede dejar de mantenerlo en secreto. Si no está listo, no lo comparta abiertamente—sin embargo, considere no ocultarlo tampoco.

Razonamiento: Esto es como un examen final, ahora que ha terminado de leer el libro. Tome una verdad profunda y esté dispuesto a revelarla y a discutirla. Por difícil y doloroso que sea, le ayudará a aprender más profundamente sobre sí mismo y a cerciorarse de que ha aprendido y se ha transformado. Al desafiarnos, nuestras verdades pueden crecer y fortalecerse. Pero si las ignoramos y las negamos, es posible que no alcancemos todo nuestro potencial.

Consejo: Si no está listo para revelar esta verdad a nadie más o si le preocupa que pueda hacer más daño, entonces puede ser útil que reflexione sobre ella. Si esta verdad todavía está en su mente, ¿qué significa esta verdad para usted ahora? ¿Ha crecido a partir de esta verdad? ¿O por tratar de ocultarla ha obstaculizado su crecimiento de alguna manera?

Considere llevar un diario de su verdad. Naturalmente, si no quiere que nadie descubra esto, asegúrese de proteger su diario. Un diario puede ser una forma de compartir su verdad consigo mismo. En el pasado, he escrito mis verdades en un diario y hacerlo puede ser una experiencia terapéutica. Puede darle una sensación de alivio como si lo hubiera compartido con alguien más. Esto se debe a que por medio de la escritura será más probable que explore sus sentimientos, pensamientos y verdades de manera más profunda de lo que haría de cualquier otra forma.

Agradecimiento

Gracias por tomar el tiempo para leer *La Verdad Personal*. Espero que haya encontrado información útil. Solo recuerde que una parte fundamental del proceso de aprendizaje es poner en práctica lo que lee.

Antes de que se vaya, me gustaría invitarle a obtener su guía gratuita de *Fortalezca su Aprendizaje: Herramientas Gratuitas para Aprender Casi Cualquier Cosa*. Todo lo que tiene que hacer es escribir este sitio web en su navegador:

http://mentalmax.net/ES

Además, si tiene cualquier pregunta acerca de este libro, puede enviarme un mensaje y me pondré en contacto con usted tan pronto como sea posible. Por favor escriba el título del libro, sobre el que está comentando, en la línea de asunto. Mi correo electrónico es:

ic.robledo@mentalmax.net

¿Aprendió Algo Nuevo?

Si este libro le resultó útil, revelador o valioso, considere escribir una reseña del libro en Amazon. Su opinión marca una gran diferencia, ya que ayudará a lectores como usted en la decisión de leer este libro a continuación.

¿Tiene poco tiempo o no está seguro de qué escribir en una reseña? No hay ningún problema—ahora Amazon permite ingresar una calificación de estrellas (de 5 estrellas posibles) si lo desea.

Por Favor Comparta Su Calificación o Escriba una Reseña

Más Libros de I. C. Robledo

Herramientas Intelectuales de los Genios
Domine su Enfoque
Guía de Hábitos Inteligentes
Nadie Me Enseñó Cómo Aprender
Listo para Cambiar
Secretos Clave de los Genios
Abundancia de Ideas
Memoria Práctica
365 Citas para Vivir Su Vida
7 Pensamientos para Vivir Su Vida
El Lector Inteligente
Preguntas para Reflexionar Sobre la Vida
En Busca de la Verdad

Para mantenerse actualizado con los nuevos libros de I. C. Robledo, por favor regístrese para recibir actualizaciones en Mentalmax.net/ES